$A^t V$

PHINEAS TAYLOR BARNUM, geb. 1810 in Bethel/Conn., gest. 1891 in Bridgeport/Conn. Nach dem Beginn seiner Karriere im Lotteriegeschäft und als Zeitungsverleger machte er sich als Besitzer eines Wanderzirkus einen Namen. 1834 Übersiedlung nach New York und Schaustellung von Kuriositäten. 1841 Kauf des Amerikanischen Museums, das er 13 Jahre erfolgreich leitete. 1850 managte er die Amerika-Tournee Jenny Linds. Seine Erinnerungen erschienen 1855. Danach verlor er sein gesamtes Vermögen und begann seine Karriere von vorn.

MARKSCHIESS-VAN TRIX, Jg. 1920, Experte für Zirkusgeschichte und Artistik, lebt in Berlin.

TILMAN SPRECKELSEN, Jg. 1967, Publizist und Herausgeber, lebt in Berlin.

In den Erinnerungen an die erste Hälfte seines Lebens präsentiert sich Barnum als unermüdlicher Organisator, Unternehmer und ideenreicher Regisseur von Massenvergnügungen. Nicht geschaffen, als Lohnempfänger in subalterner Stellung auszuharren, entwickelt er frühzeitig sein Talent zum Geldverdienen, ohne den einzelnen direkt zu übertölpeln. In hartem Konkurrenzkampf zieht er seine Unternehmungen auf: Lotterie, Wanderzirkus, Herausgabe einer Zeitung, Schaustellung von Kuriositäten, Museumsleitung und schließlich die Amerika-Tournee der seinerzeit berühmtesten Koloratursängerin, der »schwedischen Nachtigall« Jenny Lind. Noch hat die Spezialisierung der Vergnügungsindustrie nicht eingesetzt, und Organisation, Werbung und Vermarktung liegen in einer Hand. Unter Einsatz aller Mittel sichert er sich einen Erfolg, der zeitweise epidemische Ausmaße annimmt.

P. T. Barnum

König Humbug

Sein Leben,
von ihm selbst erzählt

Aufbau Taschenbuch Verlag

Mit einem Geleitwort von Markschiess-van Trix
und einem Nachwort von Tilman Spreckelsen

ISBN 3-7466-1725-1

1. Auflage 2001
© Aufbau Taschenbuch Verlag GmbH, Berlin 2001
Einbandgestaltung Preuße & Hülpüsch Grafik Design
unter Verwendung einer Abbildung aus dem Band
»Show Freaks & Monster« von Felix Hans Schengl, Sammlung Adanos,
erschienen bei M. Du Mont Schauberg 1974
Druck Ebner Ulm
Printed in Germany

www.aufbau-taschenbuch.de

P. T. Barnum

PHINEAS T. BARNUM

INHALT

Die heutige Generation wird die Bedeutung des Mannes kaum ermessen können, den Europa »König Humbug« nannte und die Reklamewelt den »Großen Trommler«: P. T. Barnum, den Schausteller, Gründer des »Amerikanischen Museums« und Erfinder der »Amme« von George Washington, den »Vater der Reklame« und Zirkusbesitzer mit der »Größten Schau der Welt« in drei Manegen. Er schuf die Straßenparaden, ließ die größten Plakate in der jeweiligen Gastspielstadt kleben und bot gegen ein Extra-Entree in der »Seitenschau« echte und unechte Abnormitäten dem »Bestaunen« dar.

Barnums Zeit war eine einzigartige Pionier-Goldgräber-Spekulanten-Epoche, in der nicht immer die Gesetze gepflegt, oft das Recht in die eigene Hand genommen wurde. Amerika entwickelte sich zu einem Einwandererland, dessen Gestalt von den national und kulturell unterschiedlichsten Bevölkerungsgruppen geprägt wurde.

In dieser Zeit wuchs in Bethel (Connecticut) der Sohn eines Landwirts heran, der seine kaufmännischen Fähigkeiten früh erkannte, eine Zeitung gründete, erste Kontakte zu reisenden Schaustellern aufnahm, auf deren vielseitigen Erfahrungen er sein weiteres Leben aufbaute.

Die Methoden, wie man rasch zu Geld kommt, waren ihm bald geläufig. Als er eine Neger-Sklavin mit einer »Haut-Schrumpfung« erhandelt hatte, präsentierte er sie dem erstaunten Publikum als Amme des ersten Präsidenten der Vereinigten Staaten von Amerika. Als Pressemann sorgte er zudem für das notwendige Echo im »Blätterwald«, wo Sensationen immer gebraucht werden. Mit ihren angeblich 161 Jahren wurde die Amme tatsächlich eine umwerfende Sensation, und Barnum wunderte sich selbst, wie man aus Geschick und Täuschung ein Medienereignis machen kann. Sein Werbestil war der Devise »Steter Tropfen höhlt den Stein« verpflichtet und wurde zum Synonym für eine mit immer denselben überzogenen Slogans arbeitende Reklame.

Doch auch jedes Glück geht einmal zu Ende, und einige seiner Unternehmungen und Spekulationen rutschten in die Pleite. Da entdeckte Barnum den Zwerg Tom Thumb, einen fünfjährigen Jungen, den er zum elfjährigen Engländer machte. Auf der Grundlage einer vertraglichen Einigung mit der Mutter reiste Barnum mit »General Tom Thumb« durch Amerika und Europa. All das verschaffte ihm bereits mit vierzig Jahren die Reputation eines angesehenen Millionärs.

Als er auf seinen Europa-Tourneen von der schwedischen Sängerin Jenny Lind hörte, faßte er den Plan, sie auch in Amerika bekannt zu machen. Noch einmal genoß er den Erfolg und die klingende Münze. Doch Handels- und Landspekulationen dezimierten sein Vermögen, und er mußte wieder ins Show-Geschäft einsteigen. Und wieder war es sein General Tom Thumb, mit dem er in Europa gutes Geld verdiente.

Zurück nach Amerika, stellte er den »Riesenelefanten ODES JUMBO« zur Schau, doch die dazugehörige Menagerie brannte zweimal ab. Im weiteren orientierte sich Barnum auf das Zirkusgeschäft und ging in Kompanie mit dem Zirkusdirektor James A. Bailey. Seinen ersten Europa-Auftritt startete Circus Barnum & Bailey 1889 in London, ohne daß sich im Laufe der Tournee der erwünschte Erfolg eingestellt hätte. Barnum zog sich auf seinen Landsitz in Bridgeport zurück, wo er 1891 starb.

Barnum war ein Mann von geschäftlicher Klugheit, persönlicher Ehrlichkeit und typisch amerikanischer Frömmigkeit. Sein Bestreben war es, daß alle Welt von ihm sprechen, ihn bewundern sollte. Daher auch die zahlreichen Autobiographien, die in Amerika gedruckt, aber in deutscher Sprache erschienen sind. Im Privatleben galt er als angesehene Persönlichkeit, wurde in den Kongreß gewählt und war Bürgermeister von Bridgeport.

Seine Widersacher, die Familien-Zirkusse Guilleame, Pereira und Adam Forepeaugh, konnten mit Barnums großem TENT, dem fliegenden Zirkus, nicht konkurrieren. Auf diesen Tourneen, die etwa acht Monate dauerten, war man mit 1700 Personen und 450 Pferden, 36 Elefanten und einem umfangreichen Tierbestand unterwegs, wobei nur nachts gereist wurde, tagsüber spielte man. Früh sechs Uhr begann der Betrieb, nach dem Frühstück wurde alles für die Parade vorbereitet, in der alle Artisten, das Orchester, hundert Ballettdamen, alle Tierwagen in dekorativer Aufmachung durch die Stadt zogen. Der Zirkus hatte drei Manegen, zwei Podien, eine Bühne und 12 000 Sitzplätze.

Im Laufe der Zeit, bedingt durch Wirtschaftskrisen, kam es zur Fusion mit dem aus Nürnberg stammenden Zirkus Ringling. Fortan nannte sich das Unternehmen Barnum & Bailey – Ringling Bros, das sich als größten Zirkus der Welt bezeichnet. Heute setzt die Familie Irvin Feld, die derzeitigen Eigentümer, die bedeutende Tradition fort.

Besonders interessant ist die Tatsache, daß seit Barnum hauptsächlich europäische Artisten engagiert wurden. Talentdirektoren wie Umberto Bedini, Neffe von Rastelli, in Rom und Trolle Rhodin-Malmö waren nach 1945 die wichtigsten Agenten für viele Artisten des Circus Barnum & Bailey – Ringling.

Markschiess-van Trix

Phineas Taylor war mein Großvater mütterlicherseits. Ich war der erste Enkel. Es wurde deshalb vorgeschlagen, daß ich seinen geehrten Namen verewigen sollte. Mein entzückter Vorfahr bestätigte diese Wahl und händigte meiner Mutter als Geschenk für mich einen Kaufbrief von fünf Acker Land ein, die, mögen sie nun mehr oder weniger betragen haben, in jenem Teile des Kirchspieles Bethel, der Ortschaft Danbury, des Bezirks Fairfield und des Staates Connecticut liegen, welcher als die »Pflaumenbäume« bekannt ist, während jener Strich Land als die Efeuinsel bezeichnet wird.

Das Dorf und Kirchspiel Bethel, welches sich rühmt, in seine Grenzen auch jene meine wertvolle Erbschaft einzuschließen, über die ich später noch manches zu sagen haben werde, wurde mir von verschiedenen Personen, die es wissen mußten, wiederholt als mein Geburtsort bezeichnet, und demgemäß habe ich es stets als solchen betrachtet und verehrt.

Doch da mein Großvater zufällig vor mir geboren war und da alle diejenigen, die ihn kannten und mich kennen, versicherten, daß ich ein Ableger vom alten Stamm sei, so muß ich vorerst einige ihn betreffende Tatsachen erwähnen.

Ich glaube, ich kann mich der Zeit noch erinnern, wo ich noch nicht mehr als zwei Jahre alt war. Die erste Person, der ich mich entsinne, war mein Großvater. Da ich sein Liebling war und während der ersten sechs Jahre meines Lebens wahrscheinlich die größere Hälfte meiner wachen Stunden in seinen Armen zubrachte, so macht meine gute Mutter die Schätzung, daß die Masse der Stücke Zucker, die ich während jener

Zeit aus seinen Händen verschlang, nicht weniger als zwei Fässer betragen haben kann.

Mein Großvater war ein ausgemachter Schalk und durchtriebener Spaßmacher. Um einen gelungenen Scherz auszuführen, konnte er nicht weit genug gehen, nicht lange genug warten, nicht angestrengt genug arbeiten und nicht eifrig genug nachdenken. In diesem einen Punkte, sowie in vielen anderen, bin ich – ich muß es leider gestehen – sein Ebenbild, denn obgleich nichts, das ich mir denken kann, mich so sehr entzückt, wie einen schlechten Witz zu machen, und obgleich ich immer bei dessen Erfindung und Ausführung aufs herzlichste gelacht habe und jeden Anlaß zu einer Beleidigung zu vermeiden suchte, so habe ich doch oft eine solche verübt und ebensooft diesen Hang bedauert, welcher mit mir geboren ist und ohne Zweifel fortdauern wird, bis ich wieder zu Staub werde.

Mein Großvater väterlicherseits war der Kapitän Ephraim Barnum von Bethel, welcher als Hauptmann in der Miliz des Revolutionskrieges gedient hatte. Sein Sohn Philo war mein Vater. Auch er war von lebendiger Gemütsart und fand mehr Geschmack an einem Scherz als die meisten Menschen. Ich berichte diese geschichtlichen Tatsachen zur Beschönigung für meine eigene stark dahin schlagende Neigung.

Geboren – verheiratet – gestorben. Die meisten meiner Vorfahren sind schon ins dritte Stadium eingetreten. Ich hoffe sie durch die Gnade Gottes alle in einer besseren Welt wiederzufinden, wo »sie weder freien noch gefreit werden« und wo »Tod sich in Sieg verklärt«.

Mein erstes Auftreten auf der Weltbühne fand am 5. Juli im Jahre des Herrn 1810 statt. Der Tag der Unabhängigkeitserklärung war kaum vorüber, der Kanonendonner hatte kaum aufgehört, die Erinnerung an das nationale Jubelfest zu verkünden, der Dampf war kaum verflogen, die Trommelwirbel verhallt, Friede und Ruhe kaum wiederhergestellt, da machte ich mein Debut.

Dieser Hang, auf meiner Hut zu sein, hat mir immer angeklebt. Ich habe oft gedacht, daß, wenn ich gezwungen wäre, in den Krieg zu ziehen, die ersten Waffen, die ich prüfte, meine eigenen Beine sein würden. Ich könnte kaum den Plan des Yankee-Soldaten ausführen, der aufs Geratewohl und auf eigene Faust hin ein paar Schüsse gegen den Feind losfeuerte, dann aber weglief und sang:

> »Wer kämpft und gibt dann Fersengeld,
>   kann später vielleicht sich noch zeigen als Held!«

Ich bin ein entschiedener Freund des Friedens, und die beiden ersten Worte der ersten Zeile würden nicht genau auf mich passen, wenn es mir auch möglich wäre, die darauf folgenden für mich gelten zu lassen.

Ich weiß nicht, ob meine Ankunft eine besondere Aufregung im Ort erzeugte. Meine gute Mutter erklärt freilich, daß ich gleich in der ersten Stunde nach meiner Geburt gehörigen Lärm gemacht und daß sie dessen Verstummen seitdem noch nicht wahrgenommen hätte.

Ich muß meine ersten Lebensjahre hier übergehen, während welcher mich mein Großvater voll Zucker stopfte und mit Dreiern überschüttete, damit ich mir Rosinen und Zuckerstengel kaufen konnte, die, wie er mich immer unterwies, ich von dem Krämer zum »niedrigsten Barpreise« fordern sollte. Ich fange daher gleich an, von späteren Ereignissen zu reden.

Ich galt allgemein als ein ziemlich tüchtiger Schüler, und als ich älter wurde, gab es bloß zwei oder drei in der Schule, welche einen Vorsprung vor mir hatten. Im Rechnen war ich ungewöhnlich rasch, und ich erinnere mich, daß ich im Alter von zwölf Jahren nachts von einem meiner Lehrer aus dem Schlafe geweckt wurde, der mit einem Nachbar eine kleine Wette eingegangen war, daß ich innerhalb von fünf Minuten die richtige Anzahl Fuß in einem Stoße Holz berechnen und angeben könnte. Der Nachbar bestimmte die Ausdehnung, und da ich keine Tafel im Hause hatte, so machte ich meine Rechnung auf dem Ofenrohr und gab die Auflösung in weniger als zwei Minuten zum großen Entzücken meines Lehrers, meiner Mutter und meiner selbst sowie zum nicht geringen Erstaunen unseres ungläubigen Nachbars. Mein Vater war Schneider, Landwirt und zuweilen auch Gastwirt. So wurde ich denn oft aus der Schule zu Hause behalten und genoß keinen anderen Unterricht als den der gewöhnlichen Distriktsschule, mit Ausnahme eines Sommers in der »Akademie« von Danbury, zu der ich den drei Meilen weiten Weg sechsmal in der Woche hin und zurück machte.

Mein Erwerbsorgan muß sehr groß gewesen sein, oder meine Eltern müssen sehr früh mit seiner Ausbildung begonnen haben. Ehe ich fünf Jahre alt war, fing ich an, Pfennige und Sechser aufzuhäufen. Als ich sechs Jahre zählte, belehrte mich mein Großvater, daß all die kleinen Stücke Geld einen Dollar ausmachten und daß, wenn ich sie nehmen und mit ihm gehen wollte, er mir etwas sehr Besehenswertes zeigen würde. Ich packte meinen ganzen Reichtum in ein Schnupftuch, band und

hielt es fest zusammen und ging mit meinem Großvater. Er nahm mich mit in die Dorfschenke, welche damals von Herrn Stiles Wakelee geführt wurde, und sich dem Wirte nähernd, sagte er: »Hier, Herr Wakelee, ist der reichste Junge aus diesem Teile des Landes. Er besitzt einen Dollar bar. Ich bitte Sie, seine Münzen zu nehmen und sie ihm für einen Silberdollar umzuwechseln.«

Der gefällige Wirt nahm mein Geld und gab mir sofort einen Silberdollar. Nie in meinem Leben habe ich mich so reich gefühlt, noch werde ich mich je wieder so reich fühlen, so durchaus unabhängig von der ganzen Welt wie damals, als ich auf den großen Silberdollar blickte und fühlte, daß er mir ganz gehörte. Selbst ein Wagenrad schien mir nur halb so groß wie mein Silberdollar. Ich glaubte steif und fest, daß ich die ganze Erde mit allem, was darauf ist, für dies wundervolle Stück Geld kaufen könnte und daß ich bei diesem Coup selbst noch einen schlechten Handel machte.

Aber mein Dollar blieb nicht lange vereinsamt. Meine Mutter leitete mich an, meine übrigen Cents dazuzusparen. Als ich größer wurde, zahlte mir mein Großvater zehn Cent für den Tag, wenn ich das dem Ochsengespann vorausgehende Pferd

17

beim Pflügen ritt, und ich kam auf verschiedene Mittelchen, mein kleines Kapital zu vergrößern. An den Übungstagen der Miliz machte ich als Hausierer Geld, statt welches auszugeben. Mein Warenvorrat bestand in einer Gallone Melasse, die zu Melassezucker umgekocht und umgearbeitet war und damals »Cookania« hieß, und gewöhnlich hatte ich am Abend eines solchen Übungstages einen Dollar verdient. Da ich immer einen ganz besondern Gefallen an Spekulationen fand, so vermehrte sich mein Festtagsvorrat bald und umfaßte Pfefferbrot, Kuchen, Zuckerstengel und Kirschschnaps. Der letztere Artikel bestand aus einem Maße neuenglischen Rums, in welchen ich eine Handvoll wilder Kirschen und etwas Zucker getan hatte. Ich merkte bald, daß die Soldaten gute Kirschschnapskunden waren, und sobald ich nur die Worte: »Halt! Gewehr ab!« hörte, so eilte ich mit meiner Flasche und meinem Glas auf die Exerzierenden zu. In wenig Jahren würde ich ein zweiter Krösus gewesen sein, wenn mein Vater mich nicht vorsorglich dazu verpflichtet hätte, mir meine eigenen Kleider zu kaufen. Diese Bestimmung reduzierte mein Vermögen auf eine mäßige Höhe. Indem ich aber mein Ziel nicht aus den Augen verlor, erwarb ich bald ein eigenes Kalb und Schaf und anderes persönliches Eigentum, welches mich fühlen ließ, daß ich ein ganz vermögender Mann war.

Zu gleicher Zeit sah ich aber auch ein, daß ich die für mich passende Sphäre noch nicht gefunden hatte. Die Farm war kein Ort für mich. Ich arbeitete immer ungern mit der Hand, desto mehr aber liebte ich die Anstrengung des Kopfes. Ich war immer aufgelegt, Unsinn zusammenzubrauen oder Pläne auf Gewinn von Geld zu machen; aber die Handarbeit war ganz entschieden nicht mein Beruf. Mein Vater bestand darauf, daß ich so gut wie jeder andere im Garten hacken, pflügen und graben sollte, aber ich sann immer nach, wie ich mich der Arbeit entziehen oder wie ich, sie oberflächlich verrichtend, an einem Tage mit ihr fertig werden könnte.

Ich war noch nicht ganz zwölf Jahre alt, als ich zum ersten Male die Handelsmetropole besuchte. Das kam so: Mein Vater führte, wie vorhin bemerkt, das Dorfwirtshaus. Eines späten Nachmittags im Januar 1822 kam Herr Daniel Brown von Southbury in Connecticut in unserem Hause mit einer Herde fetten Viehs an, welches er in New York verkaufen wollte. Das Vieh wurde in unseren großen Hof getrieben, die Reitpferde in den Stall geführt, Herr Brown aber nahm ein warmes Nachtessen ein, zog seine Schuhe aus und Pantoffeln an und setzte sich ans Feuer, um sich's den Abend recht bequem zu machen.

Ich hielt ihn für einen großen Mann, denn er war in »York« gewesen, und damals bedeutete eine Reise nach »York« soviel wie jetzt eine nach Europa. Ich hörte gespannt auf die Erzählung seiner Abenteuer in Stadt und Land, so daß mein Interesse für den Mann beständig wuchs. Endlich hörte ich ihn zu meinem Vater sagen, daß er noch mehr Vieh in Ridgefield und anderen an seinem Wege gelegenen Orten zu kaufen gedächte und daß er gern einen Jungen mieten möchte, der, leicht zu Fuß, ihm beim Treiben der Tiere behilflich sein könnte. Ich bat sofort meinen Vater, ein Wort zu meinen Gunsten einzulegen und mir womöglich den gewünschten Platz zu verschaffen. Er tat das auch. Meine Mutter gab ebenfalls ihre Zustimmung, und es wurde sogleich bestimmt, daß ich mit nach New York sollte. Ich mußte mich augenblicklich zur Ruhe begeben, damit ich am andern Morgen bei Tagesanbruch bereit wäre, mit dem Vieh aufzubrechen. Ich ging zwar ins Bett, konnte aber nicht schlafen. Phantasiegebilde aller Art beschäftigten meine Einbildungskraft. Eine neue Welt sollte sich vor mir öffnen. Ich schlief nur ein oder zwei Stunden gegen Morgen, träumte von der großen Stadt mit ihren goldgepflasterten Straßen und Schlössern.

Bei Tagesanbruch wurde ich geweckt, nahm ein paar Bissen zum Frühstück und brach zu Fuß inmitten eines heftigen Schneesturmes auf, um das Vieh treiben zu helfen. Ehe wir nach Ridgefield kamen, hob mich Herr Brown auf sein Pferd, damit ich einem weggelaufenen Ochsen nachsetzte. Das Pferd aber fiel, wälzte sich über meinen Fuß und verrenkte meinen Knöchel. Ich litt in hohem Grade, wagte mich aber nicht zu beklagen, damit mein Dienstgeber nicht veranlaßt würde, mich wieder heimzuschicken, denn ich war noch keine zehn Meilen von zu Hause fort. Er erlaubte mir aber in Anbetracht dessen, hinter ihm herzureiten, und an jenem Abend wusch mir die Wirtin des Gasthauses, in welchem wir haltmachten, meinen Knöchel, der beträchtlich geschwollen war. Am andern Tage war er etwas besser, aber da ich noch immer humpelte, so erlaubte mir Herr Brown, fast die ganze Zeit hindurch zu reiten.

In drei oder vier Tagen erreichten wir die Stadt New York und kehrten in Bulls Head Hause ein, welches, wenn ich nicht irre, Herr Givens führte. Der Treiber hatte ungefähr eine Woche mit dem Verkaufe seines Viehs zu tun, und darauf sollte ich mit ihm in einem Schlitten nach New York zurückkehren.

Das war eine große Woche für mich. Meine Mutter hatte mir, ehe ich sie verließ, einen Dollar gegeben, und ich glaubte nie das Ende davon zu sehen. Ich nahm an, daß er jeden meiner Wünsche befriedigen und mir noch eine Masse kleinen Geldes übriglassen würde. Meine erste Ausgabe war für Orangen. Ich aß diese Frucht sehr gern und hatte oft gewünscht, ich könnte so viel davon haben, wie ich essen konnte. Ich ging in eine Konditorei und fragte nach dem Preise von Orangen. Vier Pence das Stück, war die Antwort.

Nun sind »vier Pence« in Connecticut sechs Cent, und ich dachte, daß dies Verhältnis in der ganzen Welt dasselbe wäre. Aus meiner Erfahrung, den Preis herunterzutreiben, Nutzen ziehend und Franklins Sprichwort nicht bezweifelnd, daß ein Penny gespart zwei Pence Gewinn ist, erklärte ich der Frau, daß ich vier Pence das Stück für zuviel hielte, doch daß ich ihr zehn Cent für zwei geben wollte.

Die Ladenbesitzerin schwankte einen Augenblick, sagte

jedoch endlich, daß sie, weil ich es wäre und wahrscheinlich zum ersten Male New York besuchte, mir die zwei Orangen für zehn Cent lassen wollte; sie erwarte dafür aber auch, daß ich in Zukunft alle Artikel, die in ihrer Branche lägen, von ihr kaufte. Ich dankte ihr und nahm die Orangen. Ich hielt sie für sehr großzügig, daß sie mir soviel vom Preis nachließ, und ahnte nicht im mindesten, daß ich ihr bei der Verschiedenheit im Werte der Scheidemünze zwei Cent mehr bezahlte, als sie gefordert hatte.

Meine beiden Orangen waren bald alle, ich kaufte daher noch zwei, so daß ich achtzig Cent übrigbehielt. Dies schien mir für alle sterblichen Bedürfnisse genug. Ich kaufte dann für einunddreißig Cent eine kleine hölzerne Flinte, womit man einen Bolzen einige Schritte weit ins Zimmer schießen konnte. Ich dachte, meine Schulkameraden mit der Flinte in Erstaunen zu setzen, wenn ich nach Hause käme, denn sie setzte mich selbst in größtes Erstaunen, da ich nie ein derartiges Ding bisher gesehen hatte. Ich ging ins Schenkzimmer unseres Gasthauses und fing an, mich mit dem außergewöhnlichen Geräte zu vergnügen. Das Zimmer war voll von Gästen, und da ich auf gut Glück schoß, so streifte der Pfeil eines Mannes Nase und flog in des Kellners Auge. Dieser kam, von dem Schmerz gepeinigt, hinter dem Schenktisch hervor, packte mich beim Kragen, schüttelte und ohrfeigte mich heftig, bis mir der Kopf klingelte, und befahl mir, meine Flinte aus dem Wege zu räumen, widrigenfalls er sie in den Ofen werfen würde. In meinem Stolze tief beleidigt, schlich ich mich leise die Treppe hinauf und verbarg meinen kostbaren Schatz unter meinem Kopfkissen.

Als ich den Kramladen wieder besuchte, weihte mich die gute Frau in die Geheimnisse der Schwärmer ein. Sie warf einen mit gehöriger Kraft auf den Fußboden, so daß er zu meinem großen Entzücken losplatzte. Würden nicht diese Schwärmer unsere Schuljungen noch mehr zur Verwunderung hinreißen? Ich kaufte zu diesem Zweck einige für sechs Cent, konnte es jedoch nicht abwarten, sie zu Hause loszulassen. Als die Gäste nämlich zum Mittagessen ins Haus traten, benutzte ich die gute Gelegenheit, ihnen einen Schwärmer in seinem vollen Glanze vorzuführen. In der Überzeugung also, daß sie sehr entzückt darüber sein würden, nahm ich zwei aus meiner Tasche, schleuderte sie mit aller mir zu Gebote stehenden Kraft gegen die Wand des Ganges, durch den die Menge gerade schritt. Ein lauter Widerhall folgte zum Erstaunen und Verdruß der Gäste. Der Wirt stürzte ganz aufgeregt heraus, und als er in mir den Schuldigen erblickte, streckte er mich mit einem einzigen Faustschlag zu Boden.

»Da, du kleiner Gelbschnabel«, rief er, »vielleicht wird dich das am besten belehren, deine teuflischen Schwärmer nicht wieder in meinem Hause loszulassen!«

Das tat es auch wirklich. Die eine Lektion hatte mich belehrt. Ich ging in mein Zimmer und legte dort den Rest der Schwärmer zu meiner Flinte. Ich aß an jenem Tage nichts zu Mittag. Meine Würde war tief beleidigt und mein Appetit vergangen. Ich war gedemütigt. Ich fühlte mich verraten und verkauft. Ich hatte nur noch eine Zuflucht. Das war der Kramladen. Ich besuchte ihn wieder, kaufte eine Uhr, eine Brustnadel und einen Kreisel. Ich war noch ein reicher Mann, denn ich hatte noch elf Cent übrig. Ich ging ins Bett und träumte von allen meinen Schätzen.

Am andern Morgen, unmittelbar nach dem Frühstück, besuchte ich den Kramladen wieder, um mich noch etwas dort umzusehen, und fand auch viele Sachen, die ich tags zuvor nicht bemerkt hatte. Jetzt sah ich ein wunderschönes Messer mit zwei Klingen, außerdem eine Zwickzange und einen Korkenzieher. Das war etwas ganz Neues, das waren jedenfalls die nützlichsten Artikel. Ich mußte sie besitzen. Mein Vater mußte darüber entzückt sein, denn sie waren eine Zimmermannswerkstatt im kleinen und zu wertvolle Artikel, um sie zurückzulassen. Würde nicht ganz Bethel ob ihrer in Erstaunen geraten? Aber wie hoch war der Preis der Vereinigung des

Nützlichen mit dem Schönen? Nur einunddreißig Cent. Ach, ich hatte leider nur elf. Ich sah zu meinem Schrecken, daß meine Reserven erschöpft waren. Aber das Messer mußte ich haben, und so schlug ich meiner gütigen Freundin, der Ladenbesitzerin, vor, sie möchte die Brustnadel und den Kreisel zu einem etwas niedrigeren Preise wieder annehmen und mir dann gegen meine elf Cent das Messer überlassen. Das liebe Geschöpf willigte ein, und ich machte meinen ersten Tausch. Gleich darauf entdeckte ich einige Zuckerstengel, die weißer und schöner waren als irgendwelche, die ich zuvor gesehen hatte. Ich mußte welche haben. So bat ich die Frau, sie möchte die Uhr mit einem geringen Preisabschlag zurücknehmen und mir ihren Wert in Zuckerstengeln verabfolgen. Das tat sie auch. Der Zucker war köstlich. Ich hatte nie vorher so etwas Gutes genossen, und vor Abend hatte ich den ganzen Wert der ihr auch ebenfalls zurückgegebenen Flinte in Zucker hinuntergeschluckt. Am andern Morgen gingen meine Schwärmer denselben Weg, und im Laufe des Tages folgte sogar mein Messer den süßen Spuren seiner berühmten Vorgänger. Zuckerstengel waren die Felsen, an welchen ich scheiterte. All mein Geld war dahin – meine Wünsche und Neigungen alle dafür vertauscht, und doch schrie ich, wie Oliver Twist, nach mehr.

Das gute Weib hatte einen Jungen von etwa meiner Größe. Ich wußte gerade keine Verwendung für zwei Schnupftücher. Ihr Junge konnte sie brauchen, und ich nahm gern ihren Vorschlag an, sie gegen vier Zuckerstengel zu vertauschen. Ich hatte außerdem ein Paar Strümpfe übrig, die ich voraussichtlich nie brauchte, und auch sie gingen für weitere fünf Zuckerstengel dahin.

Meine Woche war bald um. Herr Brown nahm mich unmittelbar nach dem Mittagessen in seinen einspännigen Schlitten, fuhr bis Sawpitts, jetzt Port Chester genannt, blieb dort über Nacht, fuhr am andern Morgen in der Frühe weiter und kam an demselben Abend in Bethel an.

Ich hatte bei meiner Heimkehr tausend Fragen zu beantworten und fand meine Brüder und Schwestern sehr enttäuscht, daß ich ihnen nichts für meinen Dollar mitgebracht
hatte. Meine Mutter untersuchte meine Garderobe und fand,
daß mir ein Paar Strümpfe und zwei Taschentücher fehlten. Ich
erhielt dafür meine Prügel und wurde ins Bett geschickt.

Ich war jedoch lange Zeit hindurch der Löwe unter den
Schuljungen, denn ich war in »York« gewesen und hatte mit
eigenen Augen so manche Wunder gesehen, welche sie nur
vom Hörensagen kannten.

Ich werde Ladendiener
und besichtige die Efeuinsel

Meine Abneigung gegen körperliche Anstrengungen zeigte sich immer entschiedener und ward wie billig der Faulheit zugeschrieben. Ich galt als der trägste Junge im ganzen Ort und arbeitete doch nur mit um so größerer Kopfanstrengung, um dem Schicksal zu entgehen, mein Brot im Schweiße meines Angesichts zu essen. Mein Vater verzweifelte daran, etwas »Rechtes« aus mir machen zu können, und beschloß, es mit dem Handel zu versuchen. Er hatte schon früher ein passendes Gebäude in Bethel errichtet und eröffnete nun mit Herrn Hiram Weed ein Geschäft in Ellenwaren, Spezereien, Eisen und tausend andern »Artikeln«, und ich wurde gebührend als Ladendiener in dem neuen Geschäfte an- und aufgenommen. Wie viele andere Neulinge fühlte ich mich jetzt am Ziel meiner ehrgeizigen Wünsche. Ich hielt es für eine große Herablassung, mit anderen Jungen noch ein Wort zu wechseln, stolzierte hinterm Ladentisch mit der Feder hinterm Ohr herum, bediente die Frauenzimmer mit großer Galanterie, tat sehr wichtig beim Eintragen in die Bücher und war äußerst geschäftig, den Kunden Nägel, Salz und Pfeffer abzuwiegen oder ihnen »inländischen Rum« und Sirup abzumessen.

Wir handelten auf Kredit, für bar und gegen Ware, und ich trieb manches alte Weib und manches Bäuerlein scharf in die Enge, wenn sie Butter, Eier, Wachs, Federn, Lumpen oder Getreide, Obst und dergleichen gegen unsre Artikel umtauschten. Etwas litt mein Selbstgefühl unter der mir obliegenden Pflicht, den Laden zu kehren, die Fensterladen abzunehmen und Feuer anzumachen – das Bewußtsein aber, ein »Kaufmann« zu sein, entschädigte für alle solche Demütigungen.

Meine vorherrschende Neigung, »Geld zu machen«, zeigte sich immer gleich lebendig, und ich erwirkte die Erlaubnis, auf eigene Rechnung Gerstenzucker an den jugendlichen Teil unserer Kunden absetzen zu dürfen. Ich erhielt ein kleines Gehalt für meine Dienste und hatte auch den Vorsatz, redlich darin zu sein – wie es aber immer im Leben geht, wenn sich die Interessen entgegenstehen, so war es, fürchte ich, auch mit mir, denn ich habe meinen eigenen Zuckerhandel mit Zurücksetzung meiner andern Pflichten allzusehr zu heben gesucht.

Ein Laden auf dem Lande ist abends, oder wenn schlechtes Wetter ist, über die Maßen langweilig. Doch wurde mir die Zeit nicht lang, sowenig auch sonst zu tun war.

Zu der Zeit, von welcher ich schreibe, konnte man in jedem neuenglischen Dorfe sechs bis zwanzig gesellige, muntere, anekdotenreiche und Späße machende Burschen antreffen, wahre Originale von Witzreißern, die im Wirtshaus oder im Kaufladen zusammenkamen und sich die Abende oder Regentage mit Späßen, Erzählen und allen möglichen lustigen Streichen vertrieben oder Pläne machten, wie man jemandem einen Schabernack spielen könnte, besonders wenn die Erfindungsgabe der Geistreichen des Dorfes zuweilen mit einem Gläschen Kümmel, einem Santa-Cruz-Rum oder Genever angefeuert wurde.

Bethel litt an solchen Originalgenies nicht nur keinen Mangel, sondern konnte sich mit einer verhältnismäßig größeren Anzahl derselben brüsten als irgendein anderes Dorf. Ich habe schon erwähnt, daß mein Großvater, Phineas Taylor, auch von diesem Schlage war. Sein naher Nachbar, Benjamin Hoyt, der Friedensrichter, war der eingefleischteste Anekdotenerzähler, der mir je vorgekommen ist. Mit der ernsthaftesten Miene brachte er alle Personen sprechend ähnlich zur Darstellung, womit er stets das schallendste Gelächter hervorrief. Glücklicher- oder unglücklicherweise war unser Laden der Treffpunkt aller jener Spaßvögel, und ich ward so von ihnen eingenommen und von ihren Späßen entzückt, daß ich alles darüber vergaß und oft bis Mitternacht ihren Geschichten und Witzen lauschte. So gewann ich einen entschiedenen Geschmack am Ulk und eine Fertigkeit im Erzählen von Späßen, die sich zugleich meinem Gedächtnis bleibend einprägten, so daß sie mir jederzeit zu Gebote standen. Später werde ich einige Beispiele davon geben; jetzt nur einen Fall, um zu zeigen, wie sozusagen die ganze Nachbarschaft einen Spaß auszubeuten und zu Ende zu treiben sich vereinigen konnte.

Man erinnert sich, daß mir mein Großvater kurz nach meiner Geburt als Patengeschenk ein Stück Land schenkte, welches die »Efeuinsel« genannt wurde. Ich war noch nicht vier Jahre alt, als er mir sehr ernsthaft vorstellte, daß ich ein »Gutsbesitzer« sei, daß er mir eine wertvolle Farm zum Patengeschenk gemacht und dergleichen, und gewiß verging bis zu meinem zwölften Jahr nicht eine Woche, wo nicht eine derartige Andeutung zur Sprache kam. Nie erwähnte mein Großvater mich einem Nachbarn oder Bekannten gegenüber in meiner Gegenwart, ohne zu bemerken, daß ich ein reicher Junge sei, die ganze »Efeuinsel« gehöre mir, die wertvollste Farm in Connecticut. Oft versicherte ich mit größter Treuherzigkeit meinem Vater, er brauche sich keine Sorgen um die Familie zu machen – ich würde für alles sorgen, wenn ich großjährig und in den Besitz meiner Ländereien gekommen sei. Unsere Nachbarn ihrerseits äußerten, wie sehr sie befürchteten, daß ich stolz gegen ihre Kinder werden und nicht mehr mit ihnen spielen würde, weil ich ein so wertvolles Gut zu erwarten hätte.

Diese ständigen Anspielungen auf die »Efeuinsel« durch einen Zeitraum von sechs, acht Jahren hindurch erweckten meinen Stolz, und oft wurde mir die Zeit lang, bis mir der einundzwanzigste Geburtstag endlich die Nabobsrolle, die mir meines Großvaters gütige Voraussicht zugedacht hatte, anzutreten erlauben würde. Und wie oft versprach ich meinen Spielkameraden, wenn sie sich gefügig zeigen würden, ein Stückchen »Efeuinsel« zur Belohnung, um sie für ihr ganzes Leben reich zu machen. Es war mir damit auch ganz ernst; nur hatte ich leider allzuviel Grund, mich über die Unbeständigkeit menschlicher Dinge zu beklagen, die mir die Ausführung solch großmütiger Absichten vereitelte.

Im Sommer 1822 – wenn ich mich nicht irre – erbat ich meines Vaters Erlaubnis, die Efeuinsel zu besuchen. Er versprach mir's für einige Tage später, wenn er dort in die Nähe zum Heumachen ginge. Ich konnte kein Auge mehr zutun, so groß war meine Erwartung, das »verheißene Land« zu sehen. Die Vorstellungen, die ich mir lange von dem Reichtum und der Schönheit dieses Landes gemacht, wuchsen jetzt dermaßen, daß ich nichts weniger erwartete als Bäche von Milch und Honig, Diamantengruben, Gold- und Silberminen.

Endlich erschien der ersehnte Morgen, wo mir mein Vater sagte, er mähe eine Wiese, die an die Efeuinsel anstoße, und ich könne während der Essensstunde mit unserem Tagelöhner hingehen. Mein Großvater ermahnte mich, eingedenk zu sein, daß ich dieses schöne Besitztum seinem Wohlwollen und dem glücklichen Umstande verdanke, daß ich »Phineas« heiße. Meine Mutter schärfte mir ein, mich in meiner Freude zu mäßigen und zu bedenken, daß ich erst nach neun Jahren in den Besitz des Landes gelangen würde. »Wenn du aber«, fuhr sie fort, »die Besitzung während der Essensstunde besuchst, wirst du zu müde; warte lieber damit bis zu einer anderen Zeit!«

»Oh, liebe Mutter«, sagte ich, »ich kann doch nichts essen, und müde werde ich gar nicht, wenn ich auf mein Eigentum gehe – ich kann nicht eher ruhen, bis ich dort war!«

»Nun, so geh schon«, sagte meine Mutter, »sei aber nicht zu hochmütig, mit deinen Geschwistern zu reden, wenn du zurückkommst!«

Diese Ermahnung war nicht so ganz überflüssig, denn ich sah in der Tat diejenigen schon etwas über die Achsel an, die so hart für ihren Unterhalt arbeiten mußten, während ich mit so reichem Eigentum ausgestattet war.

Wir mähten unsere Wiese, die in jenem Teile der »Pflaumenbäume« lag, der als der östliche Sumpf bekannt ist. Ich fragte meinen Vater, wo die Efeuinsel sei. »Dort«, erwiderte er, »wo die stattlichen Bäume in der Ferne sichtbar sind.«

Beim Anblick dieser ersten Anzeichen des großartigen Geschenkes meines geehrten und gütigen Großvaters schwoll mir die Brust. Der Morgen ging endlich vorüber. Ich wandte das Heu schneller um, als es zwei Männer vermochten, nahm ein hastiges Mahl ein, und unser Tagelöhner Edmund, ein gutmütiger Irländer, ergriff die Axt und erklärte sich bereit aufzubrechen.

Ich sprang freudig auf, fragte indes, warum er die Axt mitnähme. Er meinte, ich wollte mich vielleicht überzeugen, welch prachtvolles Bauholz dort wüchse – schöneres als sonst irgendwo in der ganzen Welt. Die Antwort genügte, und wir brachen auf. Am nördlichen Ende der Wiese wurde der Boden sumpfig und naß, und es war schwer fortzukommen. Wir mußten von einem Grasbusche zum anderen springen, und ich fiel bei jedem falschen Schritt bis zum Gürtel ins Wasser. Endlich stand ich auf einem Busch, der so weit von dem andern entfernt war, daß ich fürchtete, nicht hinüberzukommen. Mein Gefährte war voraus und rief mir zu, einen tüchtigen Sprung zu machen, es würde schon gehen.

»Nein«, rief ich, »ich falle, und komme ich auch hinüber, was hilft's, dort mitten im Wasser zu stehen?«

»Ja«, erwiderte mein irischer Freund, »du bist vom guten Wege etwas abgekommen, aber es tut nichts! Du mußt nur ein bißchen durchwaten!«

»Aber das Wasser geht mir bis über den Kopf, und ich ertrinke«, rief ich im kläglichsten Tone.

»Hat keine Gefahr, beim Teufel – an der tiefsten Stelle ist das Wasser nicht mal vier Fuß tief!« war die Antwort.

»Wenn ich untergehe, mußt du mir helfen«, rief ich zitternd.

»Das versteht sich! Also frisch voran – spring tüchtig zu, und alles ist gut!« war die ermutigende Antwort.

Ich nahm meine ganze Kraft zusammen, sprang aus Leibeskräften und rettete mich glücklich auf den nächsten Busch. Eben wollte ich zum Durchwaten ansetzen, voller Angst, daß das Wasser zu tief sein möchte, als unzählige Hornissen von dem Orte, wo ich stand, aufflogen und mich summend umschwärmten. Eine stach mich unverschämterweise in die Nasenspitze, und vor Schmerz aufschreiend, sprang ich in das Wasser, ohne die Folgen weiter zu fürchten. Bis an den Hals versinkend, rief ich aus Leibeskräften um Hilfe. Der gutmütige Irländer, überzeugt, daß kein Grund zur Befürchtung vorhanden sei, brach in lautes Lachen aus, ermunterte mich und versicherte, ich habe höchstens eine Viertelmeile so weiterzuwaten, bis ich an die Grenze meiner schönen Besitzung gelange.

Unter der Bedingung, daß er mir augenblicklich beispränge, wenn ich unterginge, schritt ich voran, von den Hornissen verfolgt und ihren Stichen durch Untertauchen ausweichend, über Holzstämme und durch Löcher gleitend, bis über die Knie im Schlamme, eine volle Viertelstunde meiner Efeuinsel zusteuernd, bis ich atemlos, schmutzbedeckt auf trocknem Boden anlangte und eher wie eine ersäufte Ratte als wie ein Mensch aussah.

»Gott sei Dank«, sagte mein irischer Gefährte, »daß du da bist!«

»Ach«, stöhnte ich, »wie übel ist mir's ergangen, und wie die Hornissenstiche schmerzen!«

»Nur getrost, mein Junge – jetzt nur noch über den Bach, und wir sind auf deinem Grund und Boden!«

Ich blickte auf und merkte, daß wir uns am Rande eines zehn bis zwölf Fuß breiten Flüßchens befanden, dessen Ufer so dicht mit kleinen Bäumen besetzt waren, daß man kaum durchkommen konnte.

»Guter Gott«, rief ich aus, »ist mein Land von Wasser umgeben?«

»Wie zum Teufel sollt es denn die Efeuinsel sein, wenn das nicht der Fall wäre?«

»Oh, daran habe ich nicht gedacht – aber wie in aller Welt sollen wir über diesen Bach kommen?«

»Ja! Wie? Aber jetzt sollst du sehen, warum ich die Axt mitgenommen habe«, antwortete Edmund, als er einen Weg durch die Ulmen hieb und, auf dem Ufer stehend, einen mittleren Eichbaum fällte, der quer über den Bach stürzte und eine Brücke bildete, über die mir Edmund hinweghalf.

Auf der Insel angelangt, sah ich mich neugierig um.

»Aber hier gibt es ja nichts als verkrüppelten Efeu und einige kümmerliche Bäume!«

»Sonst könnte es ja nicht die Efeuinsel sein«, war die ruhige Antwort.

Ich schritt einige Meter dem Mittelpunkt meiner Besitzung zu mit sehr gesunkenen Hoffnungen. Die Wahrheit brach über mich herein. Ich war von der ganzen Nachbarschaft sechs Jahre hindurch zum besten gehalten worden. Meine reiche »Efeuinsel« war ein unnahbares ödes Stück Land, keinen Penny wert, und all meine Träume künftiger Größe zerflossen zu nichts. Während ich so über mein plötzliches Unglück brütete, sah ich eine große schwarze Schlange auf mich zu gleiten mit erhobenem Kopf und stechend schwarzen Augen. Ich schrie laut auf und machte mich davon. Der Irländer half mir über die Notbrücke, und das war mein erster und letzter Besuch auf der Efeuinsel! Wir kamen auf die Wiese zurück und fanden meinen Vater und die Leute hurtig beim Mähen.

»Nun, wie gefällt dir deine Besitzung?« sagte er mit ungestörtem Gleichmut.

»Ich würde sie ziemlich billig hergeben«, sagte ich hängenden Kopfes.

Ein schallendes Gelächter sämtlicher Arbeitsleute zeigte, daß sie in die Sache eingeweiht waren. Beim Nachhausekommen beglückwünschte mich mein Großvater mit so ernster Miene, als ob wirklich die Efeuinsel eine sehr wertvolle Besitzung wäre. Auch meine Mutter hoffte, meine Erwartungen übertroffen zu sehen, und machte ein sehr ernstes Gesicht dabei. Unsere Nachbarn sprachen vor und fragten, ob ich recht froh sei, Phineas zu heißen, und volle fünf Jahre lang wurde mir immer meine schöne Besitzung ins Gedächtnis gerufen.

Ich kann den Spaß um so mehr belachen, als dieses Erbstück, obgleich lange nachher, mir ersprießliche Dienste tat und zum Anlaß wurde, daß sich mein Glücksrad in einer hoffnungslosen Zeit zu meinem Vorteil drehte. –

Auch in einem Dorfladen kann man etwas lernen. Wir sind zu glauben geneigt, daß »feine Übervorteilung, namentlich aber unredliche List und verbotene Betrügerei sich auf Städte beschränken, während schlichte Leute auf dem Lande alles ehrlich abmachen«. Etwas Wahres ist daran, aber es gibt viele Ausnahmen von der Regel. Wie oft öffnete ich Lumpenballen, von Landfrauen als Leinen und Baumwolle eingetauscht, und es war schlechtes Zeug, ja selbst Steine, Asche, Unrat darin. Und zuweilen maß ich die Ladung Hafer, Korn oder Mais nach, welche unsere Bauernkunden mit Bestimmtheit als soundso viel Bushels (ein Bushel damals = 35,242 Liter) enthaltend angegeben hatten, und fand sie um vier oder fünf Bushels zu klein. Natürlich schob es die Lumpentauscherin auf eine Magd oder eine Nachbarin und der Bauer auf seinen Gehilfen. Obgleich Ausnahmen, kamen diese Fälle doch oft genug vor, uns aufmerksam zu machen und mich die Wahrheit des Sprichworts zu lehren: »Es ist Betrug in jedem Geschäfte, nur in unserem nicht!«

Während ich als Gehilfe in dem Laden stand, führte mein Vater das Dorfwirtshaus zu Bethel. Gewöhnlich schlief ich mit meinem jüngsten Bruder zusammen; war aber das Haus von Reisenden voll, so wurde uns unser Irländer Edmund zugeteilt, und wir waren dann zu dreien in einem Bette. Oft besuchte ich nach dem Schluß des Ladens einen Kameraden in seinem väterlichen Hause, und wenn mit Erzählen und sonstiger Unterhaltung elf Uhr herangekommen, schlich ich mich leise zu Bett, um meinen Bruder nicht zu wecken, der mein spätes Ausbleiben verraten haben würde. Derselbe gab sich alle erdenkliche Mühe, mich auf so später Heimkehr zu ertappen, wurde aber immer vorher vom Schlafe überrascht. Zuweilen häufte er Koffer, Stühle und dergleichen wider die Türe, so daß ich sie kaum öffnen konnte, ohne die »Barrikade« umzustoßen; meistens gelang es mir jedoch, die Tür allmählich zu öffnen und, ohne ihn zu wecken, hineinzukommen.

Einmal fand ich die Tür inwendig dadurch versperrt, daß ein Nagel über der Klinke eingeschlagen war. Entschlossen, ihn zu überlisten, stieg ich mittelst einer Leiter durch das Fenster und lag unbemerkt an seiner Seite. Einmal kam ich nach Hause und fand, mit der Hand durch die kaum geöffnete Tür nach den innen befindlichen Gegenständen tappend, einen Strick an der Türklinke; was an seinem Ende gebunden war, konnte ich bei der Dunkelheit nicht erraten. Durch die Ränke meines Bruders sehr vorsichtig gemacht, schnitt ich den Strick mit einem

Taschenmesser vorsichtig ab, stieg in aller Stille ins Bett und überzeugte mich am nächsten Morgen, daß das andere Ende an der großen Fußzehe meines Bruders befestigt war. Diese geniale Erfindung, hoffte er, würde ihn aufwecken, und sie hätte es auch getan, wenn sie nicht rechtzeitig von mir entdeckt worden wäre. Einmal saß er mitten im Bett aufrecht, von Kissen gestützt, fest entschlossen, wach zu bleiben; ich kam aber glücklich unter ihm weg und lachte ihn am Morgen aus. Denselben Abend schnallte er einen Sporn an den Fuß, hoffend, ich würde mich beim Übersteigen daran verletzen, vor Schmerz aufschreien und ihn aufwecken. Ohne die Gefahr zu ahnen, kam ich aber darüber hinweg und lag schon in festem Schlafe, als mich lautes Geschrei und Poltern weckte. Es waren noch spät Gäste angekommen, und unser Irländer Edmund war wie gewöhnlich in unser Bett verwiesen worden. Er hatte sich, nichts Böses ahnend, an meines Bruders Seite niedergelegt, war eingeschlafen, aber durch einen tüchtigen Tritt mit dem bespornten Fuße unangenehm geweckt worden. Der Mond schien hell in das Zimmer, und als ich von dem Lärmen erwachte, hielt Edmund den Jungen am Schopfe in die Höhe, und mit der anderen Hand den bespornten Fuß zeigend, rief er:

»Ich will dich lehren, mit einem Sporn zu Bett zu gehen, du kleiner Satan, du!«

»Was gibt's denn, Edmund?« fragte ich erstaunt.

»Nichts als daß dein Bruder da mir den Sporn drei Zoll in die Rippen gejagt hat.«

»Dir hat's nicht gegolten – dem da«, greinte mein Bruder halbwach.

»Den Teufel auch – ihm hat's gegolten, und ich habe es gekriegt!« sagte Edmund, ihn tüchtig zurechtschüttelnd, daß er heulte wie ein junger Indianer. »Wenn du wieder Lust bekommst, mich zu reiten, so weißt du just, daß ich hinten ausschlage, du Rotznase, du!« Hiermit schnallte er den Sporn ab und drehte sich zum Schlafen auf die andere Seite.

Danbury und Bethel waren und sind auch heute noch kleine Fabrikplätze. Hüte und Kämme waren die hauptsächlichsten Manufakturzweige. Die Hut- und Kammacher gingen gewöhnlich gemeinsam jeden Frühling und Herbst nach New York und nahmen häufig einige Bekannte mit, welche die Stadt nicht in Geschäften, sondern bloß zum Vergnügen besuchten. Sie machten die Überfahrt fast immer in einer Schaluppe von Norwalk aus, so daß die Länge ihrer Reise stets vom Winde abhing. Bisweilen brauchten sie für dieselbe acht Stunden, oft aber benötigten sie ebensoviel Tage dazu. Dieser Unterschied machte aber den Passagieren wenig aus. Sie wählten diese Art zu reisen mehr zum Vergnügen und hatten sicher eine lustige Zeit, mochten sie nun auf dem Lande oder auf dem Wasser sein. Sie waren alle Freunde eines guten Witzes, und ehe sie abreisten, schlossen sie in der Regel einen feierlichen Vertrag, wonach derjenige, welcher über einen derben Scherz böse werden sollte, die Summe von zwanzig Dollar als Strafe zu zahlen hätte. Diese Vereinbarung sparte oft viel Verdruß, denn gelegentlich wurde einem unerwarteten und groben Witze freies Spiel gelassen, der die Zielscheibe des Spottes tief erzürnte.

Bei einer dieser Reisegelegenheiten nach New York verließ eine Gesellschaft von vierzehn Mann Bethel an einem Montagmorgen. Unter ihr befanden sich mein Großvater, Kapitän Noah Ferry, Benjamin Hoyt, Onkel Samuel Taylor, wie er von jedermann genannt wurde, Eleazar Taylor und Carl Dart. Die meisten von ihnen waren sprichwörtlich durch ihre Witze geworden, und es war doppelt nötig, die erwähnte Verabredung zu treffen, was denn sogar auch schriftlich geschah.

Die Reisenden kamen am Montagnachmittag in Norwalk an. Die Schaluppe setzte an demselben Abend die Segel und hatte Aussicht, New York am andern Morgen in der Frühe zu erreichen. In Norwalk kamen noch verschiedene fremde Passagiere hinzu, unter anderen auch ein Geistlicher. Er sah bald, daß er sich in lustiger Gesellschaft befand, und versuchte, sich abseits zu halten. Aber man bedeutete ihn, daß dies nicht angehe. Man hoffe, in New York am nächsten Morgen anzukommen, und wäre deshalb entschlossen, die Nacht hindurch zusammenzubleiben. Er möchte sich darum ebensogut wie die andern der Gesellschaft angenehm machen, denn von Schlaf sei keine Rede. Seine Ehrwürden demonstrierte zuerst und sprach von seinen Rechten; aber er sah bald ein, daß er sich in einer Gesellschaft befand, wo die Rechte der Majorität die Oberhand hatten. So machte der Geistliche gute Miene zum bösen Spiel, entschloß sich, für diese Nacht sich nicht zurückzuziehen, und fing bald eine Unterhaltung mit seinen Reisegefährten an.

Er war ein dürrer Mann, sechs Fuß lang, von heller Gesichtsfarbe, rothaarig und trug einen ungeheuren braunroten Bakkenbart. Einige Passagiere zogen ihn wegen des Haarüberflusses in seinem Gesicht auf. Der Geistliche aber erwiderte, daß die Natur ihn dorthin gesetzt hätte und daß es ihm nicht unmännlich oder unkirchlich scheine, einen Backenbart zu tragen, wenn er es im Einklang mit der neuen Mode auch für recht halte, einen Teil seines Bartes zu rasieren. Jedermann gab zu, daß der Geistliche den besten Beweis erbracht hatte, und das Gespräch ging auf einen andern Gegenstand über.

Die Hoffnung auf eine schnelle Fahrt nach New York wurde aber bitter getäuscht. Das Schiff schien sich kaum zu bewegen, und während der langen ermüdenden Stunden des Tages und der Nacht war nicht die leiseste Strömung auf der Oberfläche des Wassers sichtbar. Nichtsdestoweniger herrschte Heiterkeit an Bord der Schaluppe, und die gute Laune jedes Passagiers trug dazu bei, der Eintönigkeit der Zeit zu entgehen. Der Freitagmorgen kam; aber die Windstille hielt an. Fünf Tage von Hause entfernt und noch keine Aussicht auf die Ankunft in New York. Das Aussehen der Bärte der Passagiere kann man sich leicht denken. In der ganzen Gesellschaft gab es nur ein Rasiermesser, es gehörte meinem Großvater. Er wollte aber nicht zugeben, daß es gebraucht würde.

»Wir werden alle in New York rasiert werden«, sagte er.

Am Sonnabendmorgen lag die Schaluppe ganz ruhig Sawpitts, jetzt Port Chester, gegenüber. Das stellte die Geduld der Passagiere auf eine harte Probe.

»Ich dachte, heute schon nach Hause zurückzukehren«, sagte der eine.

»Ich hoffte, alle meine Kämme würden schon am Mittwoch auf der Auktion verkauft worden sein, und jetzt sind sie hier noch an Bord«, sagte ein anderer.

»Ich beabsichtigte, meine Hüte sicher in dieser Woche abzusetzen, denn ich habe am Montag in New Haven einen Wechsel zu zahlen«, versetzte ein dritter.

»Ich sollte eigentlich heute abend und morgen früh in New York predigen«, bemerkte der Geistliche mit dem mächtigen roten Backenbart.

»All ihr Geschrei, meine Herren«, rief der Kapitän, »kann hier nichts helfen; es ist nur ein Glück, daß wir Eier und Hühner als Fracht haben, sonst hätten wir auf kleinere Rationen gesetzt werden müssen.«

Nach dem Frühstück baten die Passagiere, die jetzt fast wie Barbaren aussahen, meinen Großvater wieder um sein Rasiermesser.

»Nein, meine Herren«, erwiderte er, »ich bestehe darauf, daß das Rasieren ungesund und naturwidrig ist, bin deshalb auch entschlossen, mich weder selbst zu rasieren noch mein Messer einem von Ihnen bis New York zu leihen.«

Die Nacht kam, aber kein Wind. Der Sonntagmorgen fand die Reisenden in derselben Lage. Ihre Geduld war fast erschöpft. Aber nach dem Frühstück zeigte sich eine leise Bewegung auf dem Wasser. Sie nahm allmählich zu, und die Passagiere sahen bald zu ihrem großen Entzücken die Anker gelichtet und die Segel wieder gesetzt. Die Schaluppe glitt flott durchs Wasser, und ein zufriedenes Lächeln drängte sich durch das Stoppelfeld, welches die Gesichter der Reisenden bedeckte.

»Wann werden wir New York erreichen, wenn die Brise so anhält?« war die ängstliche Frage eines halben Dutzends Passagiere.

»Ungefähr um zwei Uhr diesen Nachmittag«, antwortete der gutmütige Kapitän, der jetzt sicher war, daß ihm keine Windstille mehr hinderlich sein würde.

»Aber es wird leider zu spät sein, um sich rasieren zu lassen«, riefen verschiedene Stimmenn. »Die Rasierstuben werden schon um zwölf Uhr geschlossen.«

»Und ich werde kaum zeitig genug ankommen, um meine Nachmittagspredigt zu halten«, entgegnete der rotbärtige Geistliche. »Herr Taylor, wollen Sie nicht so freundlich sein, mir Ihr Messer zu leihen?« fuhr er fort, sich an meinen Großvater wendend.

Der alte Herr ging an seinen Koffer, schloß ihn auf, nahm sein Messer, die Seifendose und den Streichriemen heraus. Die Passagiere drängten sich um ihn, denn alle hatten es jetzt doppelt eilig, zum Rasieren zu kommen.

»Nun, meine Herren«, sagte mein Großvater, »ich werde mich Ihnen zuvorkommend zeigen. Ich wollte eigentlich mein Messer nicht verleihen, allein da wir zu spät ankommen werden, so daß wir keinen Barbier mehr aufsuchen können, so sollen Sie alle es benutzen dürfen. Aber es liegt auf der Hand, daß wir uns unmöglich alle bis zu unserer Ankunft in New York mit dem einen Messer rasieren können, und da es sehr hart wäre, wenn die einen mit glatten Gesichtern an Land gingen und die übrigen unrasiert an Bord zurückließen, so habe ich einen Plan ausgedacht, den Sie gewiß alle recht und billig finden werden.«

»Nun, was ist's?« war die ängstliche Frage.

»Jeder soll bloß die eine Seite seines Gesichtes rasieren und dann das Messer dem andern geben, und erst nachdem wir alle halb rasiert sind, werden wir uns der Reihe nach die andere Hälfte rasieren.«

Mit Ausnahme des Geistlichen waren alle mit diesem Vorschlage einverstanden. Er wandte ein, daß er am Tage des Herrn nicht in einem so lächerlichen Aufzuge erscheinen könnte, worauf verschiedene Stimmen erklärten, daß ein Mann mit einem so großen frechroten Backenbarte immer lächerlich aussehen müßte. Sie bestanden darauf, daß der Geistliche, wenn er überhaupt das Messer gebrauchte, seinen ganzen Backenbart abscheren müßte.

Der Geistliche sah ein, daß das Parlamentieren nichts half, und ging mit Widerstreben auf den Vorschlag ein.

Innerhalb von zehn Minuten war die eine Seite von meines Großvaters Gesicht und Kinn in einer geraden Linie von der Mitte seiner Nase ab so kahl geschoren, daß sie glatt war wie das Innere seiner Hand, während die andere Seite wie ein Stoppelfeld aussah. Die Passagiere brachen in ein schallendes Gelächter aus, von welchem sich selbst der Geistliche unwillkürlich nicht ausschließen konnte, worauf denn mein Großvater ihm das Messer reichte.

Der Geistliche hatte schon die eine Hälfte seines Gesichtes eingeseift und gab die Bürste dem nächsten. In ein paar Minuten hatte das Messer seine Dienste getan, und der Geistliche hatte sich des einen Backenbartes entledigt. Die linke Seite seines Gesichtes war nackt wie die eines Kindes, wozu die rechte Wange mit ihrem vier Zoll langen mächtigen roten Bart einen kolossalen Gegensatz bildete. Man konnte sich nichts Lächerlicheres denken. Ein wahrhaft betäubendes Gelächter brach aus, und der arme Geistliche schlich sich sachte weg, um der Stunde zu harren, bis für die andere Seite die Reihe an ihn käme. Sein Nachfolger machte dieselbe Operation durch, und die übrigen folgten. Sobald der eine dem andern das Messer einhändigte, brach jedesmal ein neues Gelächter aus. Innerhalb von fünf Viertelstunden war jeder Passagier an Bord halb rasiert. Darauf wurde vorgeschlagen, daß alle auf Deck gehen und eins trinken sollten, ehe die Arbeit auf der anderen Hälfte der Gesichter fortgesetzt würde. Als sie alle auf dem Deck beisammen waren, war die ganze Szene noch lächerlicher. Die Gesellschaft brach von neuem in ein herzliches Gelächter aus, und jeder war von dem lächerlichen Aussehen des anderen hingerissen.

»Nun, meine Herren«, sagte mein Großvater, »will ich in die Kajüte gehen und die andere Seite abrasieren; Sie können alle auf Deck bleiben. Sobald ich fertig bin, werde ich wiederkommen und dem Geistlichen das Messer geben.«

»Sie müssen sich eilen«, sagte der Kapitän, »oder Sie werden nicht fertig bis zu unserer Ankunft, denn wir werden in einer halben Stunde an der Peck Slip Werft sein.«

Nach zehn Minuten kam mein Großvater glatt rasiert aus der Kajüte zurück.

»Jetzt«, sagte der Geistliche, »bin ich an der Reihe!«

»Sicher«, erwiderte mein Großvater, »Sie sind der nächste; doch lassen Sie mich erst mein Messer ein paarmal über den Streichriemen ziehen.«

Er setzte sein Bein auf das Geländer des Decks, stemmte die eine Seite des Streichriemens gegen sein Knie und strich dann ein paarmal das Messer darüber. Dann flog es plötzlich wie aus Versehen aus seiner Hand und fiel ins Wasser. Mein Großvater rief mit erheucheltem Entsetzen: »Gott im Himmel, das Messer ist über Bord gefallen!«

Eine solche Bestürzung, wie sie jetzt die eine Hälfte aller Passagiergesichter zeigte, war wohl noch nie gesehen worden.

Zuerst war alles stumm, wie vor Schreck versteinert. Aber nach einigen Minuten ließ sich ein Gemurmel vernehmen, welches bald zu Ausrufen anschwoll.

»Ein höllischer Schurke!« sagte der eine.

»Die größte Nichtswürdigkeit, die ich kenne!« rief der andere.

»Er sollte selbst über Bord geworfen werden!« bemerkte ein dritter; aber alle zusammen erinnerten sich, daß jeder, der sich in seiner Wut und seinem Ärger gehenließ, eine Strafe von zwanzig Dollar zu zahlen hatte, weshalb sie ihre Bemerkungen nicht wiederholten. Alsbald richteten sich aller Augen auf den Geistlichen. Er bot den Anblick der hoffnungslosesten Verzweiflung.

»Oh, es ist schrecklich!« brach er in einem herzzerreißenden Tone aus. »Das war zuviel«, und die ganze Gesellschaft konnte sich des Lachens nicht enthalten. Die Ruhe war wiederhergestellt, der Scherz, wenn er auch sehr stark war, wurde hinuntergeschluckt. Die Schaluppe erreichte bald das Land. Die halbrasierten Passagiere kamen überein, daß mein Großvater, der allein wie ein zivilisiertes Wesen aussah, sie zum »Walton-Hause« am Franklin Square führen und daß die übrigen ihm nach Indianerart, einer hinter dem andern, folgen sollten. Er deutete ihnen an, daß sie in den Straßen großes Aufsehen erregen würden, und ersuchte sie, nicht zu lachen. Sie waren damit einverstanden und machten sich auf den Weg. Ehe sie nur die Ecke von Peck Slip und der Pearlstraße erreichten, hatten sie schon eine Menge Volkes um sich versammelt, aber sie schritten alle mit so viel Feierlichkeit einher, als ob sie eine Leiche begleiteten. Die Tür des Walton-Hauses war offen. Der alte Wirt Backus rauchte gerade mit Behagen seine Zigarre, während ein paar Dutzend Leute die Zeitungen lasen. Und herein trat der Zug der Unbekannten, denen der Janhagel auf den Fersen war. Herr Backus und seine Gäste wußten nicht, was sie vor Verwunderung sagen sollten. Mein Großvater ging feierlich auf den Schenktisch zu, die übrigen Passagiere folgten ihm und bildeten doppelte Reihen hinter ihm. »Santa-Cruz-Rum für neunzehn!« rief er dem Kellner zu, welcher Flaschen und Gläser in doppelt schneller Zeit brachte. Als nun Backus erst entdeckte, daß die Unbekannten alte Freunde und Gäste waren, gab er sich der grenzenlosesten Heiterkeit hin.

»Aber was um des Himmels willen ist denn vorgefallen«, rief er aus, »warum kommen Sie denn alle halb rasiert zu mir?«

»Gar nichts«, sagte mein Großvater mit anscheinendem Ernst. »Diese Herren tragen ihre Bärte ganz nach dem Schnitt, der in ihrer Heimat Mode ist, und es kommt mir sehr ungezogen vor, daß ihr Yorker sie anglotzt und insultiert, weil ihre Mode ein bißchen von der eurigen abweicht.«

Backus glaubte halb und halb, mein Großvater spräche im Ernst, die Umstehenden aber waren fest davon überzeugt, denn nicht das leiseste Lächeln zeigte sich auf einem einzigen der halbrasierten Gesichter.

Ein paar Minuten darauf wurden den Passagieren ihre Zimmer angewiesen. Zum Tee kam jeder von ihnen in demselben Zustand herunter, in welchem er die Schaluppe verlassen hatte. Die Damen sahen sie verwundert an, die Kellner nickten sich zu und lachten, aber die Gegenstände der allgemeinen Heiterkeit waren feierlich wie die Richter. Am Abend behaupteten sie dieselbe Feierlichkeit im Schenkzimmer, und um zehn Uhr zogen sie sich mit dem gleichen Ernst zurück. Am Morgen jedoch in aller Frühe erlitten sie in der Rasierstube eine Veränderung, die sie mit den übrigen Menschenkindern auf dieselbe Stufe stellte.

Ich brauche wohl kaum erklärend hinzuzufügen, daß der Geistliche in jener feierlichen Prozession am Sonntagnachmittag nicht mit erschien. Er band ein Schnupftuch über sein Gesicht, nahm sein Felleisen in die Hand und ging in die Marketstraße, wo er wahrscheinlich einen befreundeten Bruder und ein gutes Rasiermesser zeitig genug fand, um seine Predigt halten zu können.

In jenen Tagen, von denen ich hier schreibe, wurde der Sabbat (Ruhetag, also Sonntag) im Staate Connecticut äußerlich viel strenger beachtet als jetzt. Wenn man einen Menschen am Sonntag vor Sonnenuntergang reiten oder fahren sah, so konnte er sicher sein, daß der Kirchenaufseher, Diakon oder einer von der Grandjury ihn arretierte, und wenn er nicht beweisen konnte, daß Krankheit oder irgendein anderer notwendiger Fall ihn aus dem Haus getrieben hatte, so wurde er ebensosicher am folgenden Tage gestraft.

Der Postwagen durfte zwar am Sabbat von New York nach Boston fahren, allein keine Passagiere aufnehmen. Zuweilen verführte die New Yorker Agenten ihre Geldgier, am heiligen Tag Reisende mitzunehmen, allein fast jede Kirchengemeinde hatte einen Posten auf Wache stehen, und es ward einem Kutscher sehr schwer gemacht, der Arrestation zu entgehen, wenn er eine oder mehrere Personen in seinem Wagen hatte. In diesem Falle mußten der Kutscher, seine Pferde, Wagen, Post und Passagiere bis zum Montagmorgen liegenbleiben, wo die Reisenden und der Kutscher vor ihrer Weiterfahrt eine Strafe zu zahlen hatten.

Einmal waren Oliver Taylor und Benjamin Hoyt, ein paar lustige Burschen von Bethel, in New York, und da die Fahrkarten schon für mehrere Wochen im voraus vergeben waren, so gingen sie am Sonntagmorgen ins Postbüro, No. 21 Bowery, und baten um Beförderung bis Norwalk, Connecticut.

»Es ist unmöglich«, erwiderte der Postagent.

»Aber die Sache ist von größter Wichtigkeit«, antwortete Oliver. »Meine Frau und Kinder sind gefährlich krank in Bethel, und ich muß vor morgen früh dasein.«

»Und meine Mutter wird wahrscheinlich den Tag nicht überleben«, fügte Squire Ben mit einem langen Gesicht ganz demütig hinzu.

»Ich kann beim besten Willen nicht, meine Herren, diese periodischen Krankheiten nehmen erstaunlich überhand, und ich bin besonders traurig für Sie; allein wir sind schon oft bestraft, und unsere Post ist schon verschiedene Male in diesem Jahre in Ihrem Staate zurückgehalten worden. Wir haben das durchaus satt und werden keine Passagiere am Sonntag mehr durch Connecticut mitnehmen«, war die prompte Antwort.

»Sie sind jetzt nicht halb so genau, wie sie früher waren«, drängte Herr Taylor.

»Nicht halb so genau!« bekräftigte Herr Hoyt.

»Früher?« rief der Agent aus. »Sind's doch erst zwei Wochen her, seit wir in Standford arretiert worden sind.«

»Ja, und der Aufenthalt dort kostete mich elf Dollar extra«, schloß der Eigentümer, der gerade hinzugetreten war.

»Aber, mein Herr«, sagte Taylor, sich an den letzteren wendend, »unsere Geschäfte sind dringend, wir selber sind aus Connecticut, kennen Connecticuts Gesetze und Diakone; aber wir wissen auch, wie wir sie prellen können. Wir wollen Ihnen zehn Dollar für unsere Fahrt bis Norwalk zahlen, und sobald wir durch ein connecticutsches Dorf kommen, wollen wir uns auf den Boden des Wagens legen, worauf dann auch Ihr anscheinend leerer Wagen unbelästigt passieren wird.«

»Wollen Sie das wirklich tun, sooft Sie durch ein Dorf von Connecticut kommen?« fragte der weich werdende Eigentümer.

»Ganz bestimmt!« war die Antwort von Taylor und Hoyt.

»Gut, ich halte es für keine Sünde, diesen dummen Gesetzen der Yankees eine Nase zu drehen, und ich will Sie auf diese Bedingungen hin mitnehmen«, entgegnete der Postmeister.

Das Reisegeld wurde bezahlt, die zwei Felleisen wurden ruhig unter die inneren Sitze gepackt, während ihre beiden Eigentümer sich in die Ecke des Wagens drückten.

»Gedenken Sie Ihres Versprechens, meine Herren, und halten Sie die Yankeediakone zum besten«, sagte der Eigentümer, als der Kutscher gerade seine lange Peitsche schwang und die Pferde im Galopp davonflogen. Die beiden Passagiere winkten bejahend.

Die Herren Taylor und Hoyt kannten jeden Zoll der Straße. Als sich der Wagen der Grenze von Connecticut näherte, schickten sie sich an, sich zu verbergen. Gerade ehe sie Greenwich erreichten, streckten sie sich auf den Boden des Wagens. Die Diener des Gesetzes und des Evangeliums standen schon auf der Wache; das Gesicht des Kutschers nahm den unschuldigsten Ausdruck von der Welt an, der anscheinend leere Wagen passierte Revue und durfte sich unbelästigt weiterbewegen. Ein steifer Diakon bemerkte bloß zu einem Kirchenaufseher: »Es scheint, die New Yorker haben endlich eingesehen, daß es sich nicht rentiert, wenn sie ihre Reisenden am Tage des Herrn über diesen Weg schicken.« Der Kirchenaufseher nickte mit Genugtuung.

In Stamford wurde das Versteckspiel erfolgreich wiederholt. In Darien, das sechs Meilen von Norwalk liegt, wo unsere Passagiere den Wagen verlassen und den Weg nach dem etwa zwanzig Meilen nördlicher gelegenen Bethel einschlagen mußten, legten sie sich noch einmal auf den Rücken. Der Kutscher nahm eine unterwürfige Miene an und ließ seine Pferde im langsamen Schritt durchs Dorf gehen.

»Nun, Ben«, sagte Taylor, »ich will den Diakonen freie Hand für eine Strafe lassen«, und sofort ließ er seine Füße nachlässig zu dem einen Seitenfenster des Wagens herausbaumeln.

»Um Himmels willen, zieh deine Füße ein«, rief Hoyt erschreckt, als er ein paar Stiefel an ein paar Füßen (und was für welchen!) aus dem Fenster hängen sah.

»Konnte an solche Dinge nicht denken«, antwortete Taylor seelenruhig und kicherte.

»Aber wir kamen überein, uns zu verbergen, und jetzt stellst du sowohl den Kutscher als uns bloß«, drängte der gewissenhafte und höchlichst aufgeregte Hoyt.

»Wir kamen überein, auf dem Rücken zu liegen, und wir lagen ganz flach. Aber meine Beine haben das Hinausstrecken nötig«, lautete die mutwillige Antwort.

Sie fanden sich jetzt gerade der Dorfkirche gegenüber, und der arme Kutscher, welcher die große Schaustellung seiner Passagiere nicht kannte, trug seinen Kopf so hoch, als wenn er sagen wollte: »Seht immer nach mir, ihr Herren, es hilft euch doch nichts!«

Ein wachsamer Diakon wurde vor Schreck gelähmt, als er ein Paar Stiefel mit wirklichen Beinen aus dem Wagenfenster auftauchen sah, und herrschte dem Kutscher »Halt!« zu.

»Ich bin leer und werde nicht halten«, antwortete dieser im Ton der beleidigten Unschuld.

»Ihr habt Reisende und müßt halten«, erwiderte ernst der Diakon.

Der Kutscher wandte sein Gesicht rückwärts auf die Kutsche und war ganz außer sich, als er ein paar Beine aus dem Wagen baumeln sah. Mit einem Blick des Schreckens zog er die Zügel an, gab seinen Pferden ein Dutzend Peitschenhiebe und brachte sie gerade zum Galopp, als des Diakons Hand kaum einen Fußbreit von des Rosselenkers Zügel entfernt war. Der Wagen streifte leicht den Diakon, überfuhr ihn beinahe und war bald außer seinem Bereich. Der erschreckte Kutscher peitschte aus Leibeskräften drauflos und schrie beständig: »Zieht doch die verfluchten Stiefel ein!«

Ein verdoppeltes Hohngelächter war die einzige Genugtuung, die er als Antwort auf seine Befehle erhielt, und das Gespann flog davon, bis kein Haus mehr zu sehen war. Dann erst zog der Kutscher die Zügel an und begann, seinen Passagieren Vorhaltungen zu machen. Sie lachten herzlich, gaben ihm einen halben Dollar und baten ihn, ruhig zu sein.

»In zehn Minuten wird die Sonne untergegangen sein«, fügten sie hinzu. »Ihr könnt deshalb in aller Ruhe in Norwalk einziehen.«

»Aber sie werden mich in Darien einstecken und strafen, wenn ich zurückkomme«, antwortete der Kutscher.

»Seid nur ruhig«, entgegneten die Reisenden, »sie können

Euch nicht strafen, denn niemand kann schwören, daß Ihr Passagiere hattet. Man sah nur ein Paar Stiefel, und wenn wirklich etwas bewiesen werden sollte, so gehörten sie einer Wachsfigur.«

»Aber sie bewegten sich«, antwortete der Kutscher, noch immer in Angst.

»Das tun Automaten auch«, sagte Taylor, »ängstigt Euch deshalb nicht, Ihr seid vollkommen sicher.«

Der Kutscher fühlte sich etwas erleichtert, aber als er Darien am andern Tag passierte, hatte er einige Bedenken. Der Diakon mußte indessen hinsichtlich der Natur und der Regeln des Beweises mit Herrn Taylor wohl zu demselben Schlusse gekommen sein, denn es wurde keine Klage eingeleitet, und der Kutscher fuhr unbelästigt durch. Seine Angst jedoch veranlaßte ihn, seine Brotherren darauf aufmerksam zu machen, daß sie, wenn sie später am Sabbat mehr Passagiere nach Connecticut führen, einen andern Kutscher nehmen sollten.

Zu den Wegen, die ich in früher Jugend einschlug, um auf eigene Rechnung Geld zu machen, gehörte unter anderen das Lotteriespiel. Einer unserer Nachbarn, ein besonders frommer Mann, gestattete seinem Sohn, dies Geschäftchen mit Äpfeln, Orangen, Kuchen und dergleichen als Gewinne zu betreiben. Da also die Moralität der Sache feststand, so wurde ich Lotterieunternehmer. Das große Los brachte gewöhnlich fünf Dollar, manchmal weniger, manchmal sogar zehn Dollar. Sämtliche Gewinne beliefen sich auf zwanzig bis fünfundzwanzig Dollar. Der Gesamtverkaufspreis der Lose war zwanzig bis fünfundzwanzig Prozent mehr als die Gewinne. Die Lose gingen leicht unter den benachbarten Fabrikarbeitern ab.

Lotterien wurden damals von Kirche und Staat unterstützt. Man spielte, sagt ein damaliger Schriftsteller, zum Besten von Kirchen, in denen gegen das Spielen gepredigt wurde.

Im Jahre 1819 wurde mein Großvater Phineas Taylor mit drei anderen Herren zu Direktoren eines derartigen Unternehmens ernannt, und sie traten zusammen, um einen Plan auszuhecken. Mein Großvater war eifrigst bemüht, etwas »Neues« ausfindig zu machen, um die Sache möglichst anziehend und populär aufzuziehen. Endlich ersann er einen Plan, der, wie er glaubte, alles Frühere überböte. Er wurde angenommen und erfüllte alle Erwartungen.

Der Plan bot etwas Neues. Die Lotterie sollte »gar keine Nieten« enthalten! Das war allerdings anziehend – denn während das Los fünf Dollar kostete, sollten von der Gesamtzahl von zwölftausend nur elftausendsechshundert mit dem halben

Einsatz, zwei Dollar fünfzig Cent, herauskommen! Diese so äußerst günstige Chance für die Spielenden wurde von den Direktoren auch gebührend herausgestrichen. Sie kündigten an:

Lotterie

Eine günstigere Aussicht
für den Spielenden ist wohl noch niemals
dem Publikum geboten worden. Das gegenwärtige Unternehmen enthält an und
für sich schon eine weit größere Zahl
hoher Treffer als andere ähnliche; dazu
kommt, daß jeder mit derselben Summe
Geldes, die er für ein Los anderwärts anlegen muß, bei uns zwei Lose erhält, daß
er also zwei Chancen hat, den höchsten
Treffer zu gewinnen oder noch einmal
soviel als in jeder anderen Lotterie.

Nie war eine Lotterie so populär wie diese – bevor sie gezogen ward! Die Furcht, eine Niete zu ziehen, war bis jetzt immer ein Abhaltungsgrund, sein Geld in solchen Unternehmungen anzulegen, hier aber gab es keine Nieten, und man hatte sogar eine doppelte Chance, das große Los zu gewinnen! Freilich eine magere Chance, wenn man bedenkt, daß unter zwölftausend Losen nur neun waren, die über hundert Dollar gewannen! Also eine Chance gegen eintausenddreihundertdreiunddreißig! Daran dachten aber die Spieler nicht, und dann: erhielt man nicht zwei Lose für dasselbe Geld, wofür man in anderen Lotterien nur eines kaufen konnte?

Die Lose gingen mit reißender Schnelligkeit ab. Fast niemand kaufte weniger als zwei Lose. Mußte er doch mit jedem wenigstens zwei Dollar fünfzig Cent wiedergewinnen, konnte also höchstens fünf Dollar, den gewöhnlichen Preis eines Lotterieloses, verlieren! Alle Lose waren lange vor dem Ziehungstage abgesetzt, ein in der Geschichte der Lotterie unerhörter Fall! Mein Großvater wurde als eine Art »von öffentlichem Wohltäter« angesehen. Er persönlich verkaufte mehr als die Hälfte der Lose, und da jeder Direktor an den von ihm verkauften Losen seine Prozente hatte, so fand er seinen guten Vorteil dabei.

Der Ziehungstag kam heran. Mein Großvater rief jede Nummer aus, die aus der Trommel kam, und während der vierundzwanzig Tage, welche das Ziehen von zwölftausend Nummern (fünfhundert pro Tag) erforderte, rief er nicht weniger als elftausendvierhundertmal »Zwei Dollar fünfzig Cent« und nur sechshundertmal höhere Gewinne aus!

Leute, die in der Gewißheit, nur fünf Dollar verlieren zu können, zwei Lose gekauft hatten, fanden, daß sie in Wirklichkeit fünf Dollar fünfundsechzig Cent verloren, denn da nach dem Plan jeder »Treffer« dem Abzug von achtzehn Prozent unterlag, so erhielt jeder Zweieinhalb-Dollar-Treffer nur zwei Dollar zwölfeinhalb Cent, und zwar erst siebzig Tage nachher, ausbezahlt!

Die ganze Nachbarschaft war in Aufruhr. »Onkel Phineas Taylor« ward einstimmig für einen »durchtriebenen alten Spitzbuben« erklärt; der »Plan ohne Nieten« ward als der schlechteste Kniff befunden, der je ausgeführt worden war und den niemand als Phineas Taylor auszuführen gewagt hätte, um die Leute zu prellen. Seit jenem Tage bis zu seinem Tode hieß er der alte »Zwei-Dollar-Fünfzig«, und oft lachte er herzlich bei der Erinnerung an den Streich. Nach und nach milderte sich die Entrüstung – man gab zu, daß er der Geriebenste in dieser Branche sei, und sein famoser Lotterieplan galt als ein »prächtiger praktischer Spaß«.

Am 7. September 1825 starb mein Vater im Alter von achtundvierzig Jahren an einem Fieber. Damals war ich fünfzehn Jahre alt, ein armer, unerfahrener Junge, seines väterlichen Beschützers beraubt, hinausgeworfen in die Welt, um für sich selbst zu sorgen, die Zukunft war dunkel, und ein Gefühl der Verlassenheit beschlich mich. Meine Mutter hatte fünf Kinder, ich war das älteste; mein jüngster Bruder war erst sieben Jahre alt. Wir kehrten vom Begräbnis zu unserem einsamen Haus zurück und fühlten, wie verlassen wir in der Welt dastanden und wie wenig Aussicht auf Glück wir hatten. Es wurden Administratoren für das Vermögen ernannt, und es zeigte sich, daß es meinem Vater nicht geglückt war, seiner Familie einige Glücksgüter zu hinterlassen. Die Zahlungsunfähigkeit wurde erklärt, und es kamen kaum fünfzig Cent auf den Dollar. Meine Mutter – wie so viele Witwen – mußte sich sehr einschränken, ihre Familie zu erhalten. Fleißig, ökonomisch und energisch, gelang es ihr indes, nach einigen Jahren Haus und Hof abzugelten und als Eigentum zu erwerben. Meinen bisherigen geringen Verdienst hatte ich meinem Vater gegen Schuldschein geliehen; es ward aber erklärt, daß das Vermögen eines Minderjährigen dem Vater gehöre, und mein Anspruch wurde abgewiesen. So hatte ich die Schuhe abzuverdienen, worin ich meines Vaters Leiche gefolgt war, und ich kann sagen, daß ich barfuß in die Welt trat und mit nichts angefangen habe.

Ich blieb noch kurze Zeit bei Herrn Weed und ging dann als Gehilfe der Herren Keeler und Whitlock in deren Laden zu Grassy Plain, sechs Meilen nordwestlich von Bethel, für sechs Dollar per Monat und freie Station. Ich fing bald auf eigene Rechnung zu spekulieren an, und dank großer Sparsamkeit gelang es mir, etwas Geld zusammenzubringen. Ich begab mich in Pension bei Frau Jerusha Wheeler und ihren Töchtern Jerusha und Marie. Wie beinahe jeder einen Spitznamen hatte, so wurden die jungen Frauenzimmer Rushia und ihre Mutter Tante Rushia genannt.

Es waren sehr liebe Leute, und ich fühlte mich äußerst behaglich in ihrem Hause. Ich wählte meinen Oheim Alanzon Taylor zu meinem Vormund und folgte seinem Rat. Im Geschäft war ich äußerst tätig, galt als tüchtiger Kaufmann und gewann in kurzem das Vertrauen meiner Prinzipale, die mir manchen eigenen Erwerb erlaubten.

Einst hielt ein Hausierer mit einem Wagen grüner Flaschen jeder Größe vor dem Laden. Meine Prinzipale waren abwesend, und ich beschwatzte ihn, den ganzen Vorrat gegen Waren umzutauschen. Es glückte mir, ihn mit Ladenhütern zu hohen Preisen abzufinden. Als Herr Keeler bald darauf heimkam, fand er den kleinen Laden halb mit Flaschen angefüllt.

»Was zum Himmel hast du gemacht?« fragte er verwundert.

»Ich habe Flaschen gegen Waren vertauscht.«

»Du bist verrückt geworden; damit kann man die ganze Nachbarschaft zwanzig Jahre lang versorgen!«

Ich bat ihn, unbesorgt zu sein; ich dächte sie in drei Monaten loszuwerden.

»Wenn du das fertigbringst«, sagte er, »kannst du hexen.«

Ich zeigte ihm nun das Verzeichnis der in Tausch gegebenen Waren und des Preisansatzes, wonach ihm die Flaschen weniger als den halben Engrospreis kosteten. Das gefiel ihm ganz gut, aber die Flaschen genierten ihn eben doch. Meine Prinzipale hatten einen sogenannten Tauschladen. Viele Hutfabrikanten machten dort ihre Einkäufe und bezahlten unsere Waren durch Hüte, indem sie zugleich ihren Arbeitern Anweisungen auf Waren gaben, die sie bei uns beziehen mußten. So gingen denn Tagelöhner, Lehrlinge, Futter- und Einfaßnäherinnen im Laden ein und aus, und ich war mit allen genau bekannt.

Als ich den Flaschenhandel machte, hatte ich ein Projekt im Kopfe, nicht allein diese Flaschen, sondern auch einen Posten alter Blechgeschirre loszuwerden, die schon jahrelang auf Lager und ganz rostig und beschmutzt waren. Das Projekt war:

eine Lotterie. Am nächsten Regentage, wo ich Zeit hatte, machte ich den Plan dazu. Der höchste Treffer war fünfundzwanzig Dollar, zahlbar in Waren nach Auswahl des Gewinners. Dann kamen fünfzig Treffer im Werte von fünf Dollar, wofür Waren nach unserer Auswahl gegeben wurden, zum Beispiel ein Paar Baumwollhosen, ein ebensolches Taschentuch, zwei Blechschüsseln, vier Schoppenflaschen, drei Blechschaumlöffel, eine Quartflasche, sechs blecherne Reibeisen, elf kleine Flaschen und so weiter. Blech und Glas machten immer den Hauptteil der Gewinne aus. Ich hatte hundert Preise zu einen Dollar, dreihundert zu zwei Schilling. Tausend Nummern das Los zu vier Schilling. Der Gesamtbetrag der Preise war gleich dem Gesamtbetrage der abzusetzenden Lose, nämlich fünfhundert Dollar. Ich übernahm von dem Kirchenlotterieplane meines Großvaters die Idee, viele Preise zum halben Betrag der Kosten eines Loses zu machen. Der Plan wurde mit großen Überschriften als:

AUSSERORDENTLICH VORTEILHAFTE
☞ LOTTERIE ☜
NUR 50 CENTS FÜR 25 DOLLAR!
MEHR ALS 500 PREISE!!!
NICHT MEHR ALS 1000 LOSE!!!!
WAREN ZUM NIEDRIGSTEN LADENPREIS!!!

schön hergerichtet und ausgestellt.

Die Lose gingen ab wie warme Semmeln. Niemand forschte nach, worin die Gewinne bestehen sollten. Alle Arbeiter und Arbeiterinnen in den Hutfabriken kauften Lose, und in zehn Tagen waren sie vergriffen. Der Ziehungstag wurde anberaumt, und alles ging, wie angekündigt, pünktlich vonstatten.

Tags darauf oder während der nächsten Tage kamen die Losbesitzer, um ihre Gewinne abzuholen. Ein junges Mädchen, das mit fünf Dollar herausgekommen war, hatte eine Rolle

Zwirn, einen Strang Baumwolle, einen Brief Nadeln, sechzehn Blechschaumlöffel, Reibeisen und Kannen und einige Dutzend Flaschen von jeder Größe für ihren Teil. Sie bat mich um Austausch der Glas- und Blechgefäße gegen andere Waren, wurde aber belehrt, daß das gegen die Regeln des Unternehmens verstoße und durchaus unstatthaft sei. Ein Mann hatte seinen ganzen Treffer in Blech erhalten. Ein anderer hatte auf zwanzig Lose zehn Gewinne, und alle bestanden in Flaschen. Einige ärgerten sich, die meisten lachten. Die Körbe und Arme voller Blechgeschirr und Glasflaschen, die fortzubringen mehrere Tage dauerte, gaben zu den komischsten Szenen Anlaß. Fast jeder Gewinner mußte wenigstens einiges rostige Blech oder Glas mitnehmen. Nach zehn Tagen waren sämtliche Flaschen fort, und an der Stelle des alten schmutzigen Blechs prangte modernes Geschirr.

Mein Oheim Aaron Nichols, der Mann meiner Tante Laura, ein bedeutender Hutfabrikant in Grassy Plains, hatte zwölf Lose und war so glücklich, zehn Treffer zu ziehen, die alle in Blech ausgezahlt wurden. Er fuhr sie im Wagen nach Haus; er sah aus wie ein Blechhausierer, als er durch die Straße fuhr. Zwei Tage darauf brachte Tante Laura den ganzen Plunder wieder zurück.

»Ich habe«, sagte sie, »sechs Stunden lang geputzt und gerieben, etwas von diesem Blech blank zu bekommen, aber umsonst! Ich möchte etwas anderes dafür eintauschen.« Ich sagte, daß das nicht anginge.

»Was um Himmels willen willst du denn, daß ich mit dem schwarzen Zeuge machen soll?« fragte sie.

Ich gab ihr zu verstehen, daß es eine Anmaßung wäre, meinem Onkel, der das Glück gehabt hätte, so viele Preise zu gewinnen, vorzuschreiben, was er damit anfangen sollte.

»Dein Oheim ist ein Narr, sonst hätte er in einer so schlechten Lotterie nicht gespielt!« sagte sie. Ich lachte laut auf; das erhöhte ihren Verdruß, was wiederum meine gute Laune steigerte. Sie hieß mich dies und jenes; ich aber lachte nur desto mehr.

Endlich sagte ich: »Aber Tante, warum bringen Sie nicht etwas von dem Blech hinüber zu Tante Rushia – ich hörte sie heute morgen fragen, wo sie einige Schaumlöffel kaufen könne?«

»Gut, da kann ich ihr aushelfen«, sagte Laura, nahm eine Anzahl in ihre Schürze und ging hinüber.

»Tante«, sagte sie, ins Zimmer tretend, »ich will Ihnen einige blecherne Schaumlöffel verkaufen!«

»Gott sei mir gnädig«, rief Tante Rushia, »ich habe davon übergenug gewonnen!«

»Wie sagte mir doch Taylor Barnum, Sie wollten etliche kaufen?«

»Ich fürchte, dieser Junge ist ein boshafter Spaßvogel«, sagte Tante Rushia laut lachend. »Er tat das, um mich zu ärgern, weil ich schon sieben solcher Löffel in der Lotterie gewonnen habe!«

Tante Laura kam noch ärgerlicher zurück, warf alles auf den Boden, erklärte, sie würde nichts mehr davon in ihrem Hause leiden, und ging fort.

Ich schickte sogleich all das Zeug im Wagen nach ihrer Wohnung, wo sie es bei ihrer Heimkunft hoch aufgetürmt in der Küche vorfand, mit folgender Probe meines poetischen Talents am Henkel eines Kaffeetopfes angeheftet:

> »Es war ein Mann, mit Namen Nick,
>   zog sieben Treffer in seinem Glück;
>   erhielt dafür viel Blechgefäß,
>   das macht sein Weib gar bitterbös!«

Meine Tante trug mir die Neckerei wochenlang nach. Dann aber schickte sie mir eine in weißes Papier gewickelte Fleischpastete mit der Aufschrift: »Fleischpastete für Taylor Barnum.« Vergnügt nahm ich das Papier weg; ach, die Pastete war in einer der sehr schmutzigen Blechschüsseln gebacken! Wenn ich sie auch nicht essen konnte, so war es doch das Zeichen der Versöhnung. Ich trank noch am selben Abend Tee bei ihr und erfreute mich wieder, wie früher, manches fetten Schmauses an ihrem Tisch.

Mein Großvater fand meinen Lotterieplan vortrefflich und schien mit vielen anderen den Gedanken zu hegen, daß ich ein würdiger Zweig am Stamm zu werden versprach.

Samstagabend ging ich gewöhnlich zu meiner Mutter nach Bethel und blieb dort über Sonntag. Sie führte noch einige Jahre die Dorfwirtschaft. Eines Samstags brach ein heftiges Gewitter los; es war sehr dunkel, und der Regen fiel in Strömen. Fräulein Maria Wheeler, eine Putzmacherin, ließ herübersagen, es wäre ein Mädchen aus Bethel hier, die hergeritten sei, ihren neuen Hut zu holen; sie fürchte sich, allein zurückzukehren; sollte ich heute auch nach Bethel reiten, möchte ich sie doch begleiten. Einige Minuten nachher war ich mit meinem Pferd vor Tante Rushias Tür, trat ein und wurde einem schönen, rosenwangigen, üppigen Mädchen mit wundervollen weißen Zähnen vorgestellt. Sie hieß Chairy Hallet – Chairy war eine Abkürzung von Charity, wie ich später hörte.

Ich half ihr in den Sattel, stieg dann auf mein Pferd, und wir ritten langsam gen Bethel.

Die kurze Zeit, welche ich das Mädchen bei Licht gesehen hatte, war hinreichend, eine Reihe süßer Empfindungen in meiner Brust zu wecken. Es wurden ganz neue Gefühle in mir wach; ebenso neu wie unerklärlich. Ich begann ein Gespräch mit ihr, und da sie freundlich antwortete und weder geziert noch ängstlich war, bedauerte ich, daß Bethel nicht lieber fünf Meilen statt nur einer Meile entfernt war. Ein heftiger Blitz erleuchtete zuweilen den Horizont und zeigte mir das schöne Gesicht meiner reizenden Gefährtin. Nun hätte ich gewünscht, die Entfernung wäre zwanzig Meilen gewesen. Ich erfuhr, daß sie Schneiderin sei und bei Zerah Benedict in Bethel arbeite. Von dem Augenblick an stieg das Schneiderhandwerk sehr im Ansehen bei mir. In Bethel angekommen, bot ich dem schönen Kind gute Nacht und ging zu meiner Mutter, träumte aber die ganze Nacht von dem Mädchen. Am nächsten und jedem folgenden Sonntage sah ich sie in der Kirche, konnte aber keine Gelegenheit finden, in diesem Jahre unsere Bekanntschaft zu erneuern. Im Sommer 1827 verkauften Keeler und Whitlock ihr Geschäft an Lewis Taylor, bei dem ich noch kurze Zeit als Gehilfe blieb.

In Connecticut ist ein Sprichwort, die beste Schule für einen Jungen zur Erwerbung von Menschenkenntnis sei, ihn ein paar Jahre mit Blechgeschirr hausieren zu lassen. Ich glaube, seine Aussicht, gescheit zu werden, dürfte ebensogroß sein, wenn er, wie ich, in einem Tauschladen längere Zeit bedienen würde. Wie schon erwähnt, waren viele unserer Kunden Hutmacher, und wir nahmen Hüte in Tausch gegen andere Waren. Die großen Fabrikanten trieben es ziemlich redlich; einige »vom kleinen Adel« aber barbierten uns gehörig über den Löffel. Es kann kaum ein Geschäft geben, worin mehr Betrug geübt werden kann als im Hutmachen. Wenn ein Hut beim Färben beschädigt wurde oder vielleicht einen sechs Zoll langen Bruch bekommen hatte, so wurde er gewiß herausgeflickt, überkleistert, gebügelt und mit andern in den Laden geschmuggelt. Zu den Pelzen, die man zu Hutfilz verwendete, gehörten damals Otter, Biber, Russia, Kaninchen, Beutelratte usw. Der beste Pelz war der von Ottern; der schlechteste von Kaninchen.

Die Hutmacher taten zu den geringen Haaren etwas von den besten und verkauften uns die Hüte als Otterfilz. Wir dagegen mischten oder verdünnten unseren Zucker, Tee, Likör und tauften die Mischungen mit den schönsten Namen. Es galt das Motto »Auge um Auge, oder der beste Trumpf sticht!«. Unsere Baumwollstoffe gingen als Wollzeuge; die Wollstoffe waren Seide und Linnen, kurz, nichts war, wofür es ausgegeben wurde. Die Kunden betrogen uns mit ihren Fabrikaten, und wir betrogen sie mit unseren Waren. Jeder erwartete gar nichts Besseres, als betrogen zu werden. Wir hatten unseren Augen, nicht unseren Ohren zu trauen. Man durfte nichts glauben, das man hörte, und nur wenig von dem, was man sah. Alle unsere Kalikos waren fest in der Farbe, und der erste Wassertropfen ließ sie abfließen. Der gemahlene Kaffee bestand aus gebrannten Erbsen, Bohnen und Mais, und der Ingwer war so gut, als er mit Kornmehl zu machen war. Die »Handelskniffe« waren überaus zahlreich. Wollte ein Hausierer eine Kiste Hüte eintauschen, so wurden ihm Otterhüte à sechzig Dollar verrechnet, und er erhielt Kaninchenhüte à fünfzehn Dollar. Vertauschte man uns eine Kiste Uhren, »garantiert« solide Arbeit und richtiges Gehen, so durften wir sicher sein, daß sie ihren Zweck nicht mehr erfüllten als eine leere Schublade, daß sie nur »auf Verkauf« gemacht waren, und wenn alle zusammen so viel Räder hatten, wie die Hälfte davon benötigte, um als wirkliche Uhren gelten zu können, so war es schon ein ungewöhnliches Glück.

Eine solche Schule konnte allerdings den »Weisheitszahn schärfen«; wenn sie aber nicht zugleich Gewissen, Moral und Redlichkeit in dem Schüler erstickte, so kann der Grund nur darin gefunden werden, daß er sie verließ, ehe seine Erziehung vollendet war.

ICH WERDE LADENBESITZER,
HEIRATE UND GEBE EINE ZEITUNG HERAUS

Im Herbst 1826 bot mir Herr Oliver Taylor, der einige Jahre zuvor von Danbury nach Brooklyn auf Long Island gezogen war, die Stelle als Gehilfe in seinem Spezereigeschäft an. Er hatte auch eine große Kammfabrik in Brooklyn und einen Kammladen in New York. Ich nahm sein Anerbieten an.

Viele unserer Kunden kamen sehr früh am Morgen, um sich etwas zum Frühstück zu holen; ich mußte also vor Tagesanbruch aus den Federn. Da das von meinen bisherigen Gewohnheiten ganz abwich, so kostete es mich viel Anstrengung, morgens rechtzeitig zu erwachen. Deshalb machte ich mit einem Nachtwächter aus, daß er zur bestimmten Stunde an einer Kordel ziehen solle, die ich an meiner großen Zehe befestigte und zum Fenster aus dem dritten Stocke herunterhängen ließ.

Die Sache erfüllte ihren Zweck; aber Taylor erfuhr sie, ich glaube durch den Wächter, und eines Morgens wurde stärker an der Schnur gerissen, als ausgemacht war. Ich schrie vor Schmerz auf, eilte ans Fenster und rief dem Wächter zu, er sollte aufhören, er reiße mir ja die Zehe ab. Dann kleidete ich mich an, ging hinunter und fand, daß Mitternacht kaum vorüber war. Es ging geraume Zeit darüber hin, ehe ich erfuhr, wer mir das zugefügt hatte, obgleich Grund genug vorhanden war, Oliver zu verdächtigen; von nun an versuchte ich, von selbst aufzuwachen, und verzichtete auf die Hilfe des Wächters.

Ich war nicht lange in Herrn Taylors Geschäft, als ich mit dem ganzen Betrieb und namentlich dem Ankauf der nötigen Artikel vertraut wurde. Man überließ mir namentlich den letzteren, und da ich gegen bar kaufte, so bekam ich ein sehr sicheres Urteil darin. Ich besuchte alle Teile der unteren Stadt, um den billigsten Markt für unsere Waren auszukundschaften. Auch wohnte ich den Engrosversteigerungen von Tee, Zucker, Melasse und dergleichen bei, und indem ich mir alles genau notierte, konnte ich berechnen, wieviel die Käufer daran gewannen und wieweit ich mit Barzahlung Konkurrenz machen konnte. Dort lernte ich auch oft kleine Kaufleute kennen, die nur kleine Quantitäten dieses oder jenes Artikels brauchten; wir machten dann gemeinschaftliche Sache, kauften das Ganze und teilten es unter uns, wobei wir billiger fuhren, als wenn wir die Ware erst aus einer anderen Hand gekauft hätten.

Mein Prinzipal zeigte sich sehr gütig und teilnehmend für mich, aber die Stelle gefiel mir nicht. Die Sache war die, daß es eben Charaktere gibt, die es nicht über sich gewinnen können, für ein bestimmtes Salär zu arbeiten, wenn es auch noch so groß ist. Ich war ein solcher. Meine Anlage ist und war immer spekulativer Natur, und ich bin nie zufrieden, wenn das Geschäft, in das ich mich einlasse, nicht die Aussicht eröffnet, daß der Gewinn daraus durch Energie, Ausdauer, Aufmerksamkeit, Takt usw. bedeutend erhöht werden kann. Da ich nun in dem Brooklyner Geschäft keine Gelegenheit hatte, auf meine eigene Rechnung zu spekulieren, so wurde es mir bald unbehaglich.

Obgleich ich jung und vielleicht gerade weil ich jung war, dachte ich ernstlich daran, ein eigenes Geschäft anzufangen, und obgleich ich kein Kapital hatte, boten mir bemittelte Leute ihre finanzielle Unterstützung an oder wollten mit mir in Verbindung treten. Ich war damals gerade in einem ungünstigen Lebensalter, in einer Übergangsperiode, kein Knabe mehr und noch kein Mann – das Alter, in dem es höchst wichtig für einen jungen Menschen ist, einen Freund und Ratgeber zu haben, auf dessen Führung er sich verlassen kann. Wie eingebildet sind doch gewöhnlich Jünglinge von sechzehn bis achtzehn Jahren. Sie halten sich für höchst geeignet, Geschäfte zu betreiben, welche nach aller vernünftigen Leute Urteil jahrelange reife Erfahrung erheischen. Auch ist es das Alter, wo das »Achtzehn-jahrefieber« gar leicht junge Leute auch noch in anderen als Geschäftsbeziehungen zu Narren macht. Jungen dieses Alters und Mädchen von zwölf bis sechzehn sind unstreitig die un-leidlichsten Menschen von der Welt. Sie sind so wild, so eigen-sinnig und selbstgefällig, daß einsichtsvolle Eltern sehr viel Ursache haben, besorgt zu sein, daß es keine schlimme Wen-dung mit ihnen nimmt.

Im Sommer 1827 bekam ich die Blattern, welche einen sehr gefährlichen Charakter annahmen, obgleich ich acht Jahre zu-vor dagegen geimpft war. Dies hielt mich mehrere Monate im Zimmer fest und machte ein großes Loch in mein Erspartes. Sobald sich mein Zustand einigermaßen gebessert hatte, eilte ich in meine Heimat, um dort zur Herstellung meiner Ge-sundheit einige Wochen zu verweilen, und ging an Bord einer Schaluppe nach Norwalk. Als mich die Passagiere, etwa zwan-zig Herren und Damen, sahen, gerieten sie in Schrecken, weil mein Gesicht noch starke Spuren der eben überstandenen Krankheit an sich trug. Es wurde einstimmig beschlossen, mich zu ersuchen, vom Schiff zu gehen, und Kapitän Munson Hoyt, der mich wohl kannte, da ich regelmäßig auf das Fahr-zeug kam, um Butter, Eier und dergleichen zu kaufen, erklärte mir mit Bedauern, daß ich mich der Aufforderung der Passa-giere fügen müsse. Natürlich konnte ich nichts dagegen ein-wenden und ging betrübten Herzens an Land. Ich brachte die Nacht im Hotel zu, reiste am anderen Morgen per Dampfboot nach Norwalk und am nämlichen Tage noch nach Bethel. Ich brachte mehrere Wochen bei meiner Mutter zu, die alles zu meiner Bequemlichkeit aufbot. Während meiner Rekonvales-zenz besuchte ich meine alten Nachbarn und Schulfreunde und fand hie und da Gelegenheit, die frühere Bekanntschaft mit der reizenden Damenschneiderin Chairy Hallet zu erneu-ern, die ich einmal abends zu Pferde während eines Gewitters von Grassy Plains nach Bethel begleitet hatte.

Diese Begegnungen verminderten durchaus nicht das besondere Interesse, das ich für das junge Mädchen fühlte, noch machten sie meinen Schlaf erquickender. Indessen kam es nicht zum Geständnis meiner Liebe.

Nach vier Wochen verließ ich das mütterliche Haus und kehrte nach Brooklyn zurück.

Im Februar 1828 schrieb mir mein Großvater, wenn ich nach Bethel kommen und ein Geschäft etablieren wollte, so würde er mir die Hälfte seines Schuppens ohne Zins überlassen. Ich hegte immer eine entschiedene Vorliebe für mein Geburtsdorf, daher nahm ich nach mehrwöchentlicher Überlegung das Anerbieten an.

Der erwähnte Schuppen lag an der Hauptstraße in Bethel, und ich beschloß, die eine Hälfte so herzurichten, daß ich dort einen Materialien-, Obst- und Konditorladen betreiben konnte. Ehe ich New York verließ, beriet ich mich mit mehreren Obsthändlern meiner Bekanntschaft und knüpfte Verbindung mit ihnen an. Dann ging ich nach Bethel, richtete das Gebäude ein, legte einen kleinen Vorrat Waren an, darunter ein Faß Ale, und eröffnete mein Etablissement am ersten Montag im Mai 1828, am Militärparadetag.

Die Hoffnungen und Befürchtungen, welche mich wochenlang vor diesem großen Zeitpunkte bewegten, waren so groß wie bei keiner meiner späteren Unternehmungen mehr. Ich besaß an die hundertzwanzig Dollar, die ich restlos in dieses Unternehmen gesteckt hatte. Fünfzig Dollar waren draufgegangen, den Laden einzurichten, und fünfundsiebzig Dollar steckten in meinem bescheidenen Warenvorrat. Ich fürchte, daß mir der Besuch der Kirche am Sonntag vor der Eröffnung nicht viel genützt hat, da die Angst, es könnte am andern Tage regnen und der Regen mir die Kunden verjagen, mich in meiner Andacht sehr gestört hatte.

Der Montag brach mit dem herrlichsten Wetter an. Das Landvolk strömte frühzeitig herbei, und die Nettigkeit meines kleinen Ladens erregte ihre Aufmerksamkeit. Ich hatte bald alle Hände voll zu tun und mußte um Mittag einen alten Schulfreund hereinbitten, um mir beim Bedienen der Kunden zu helfen. Den ganzen Tag ging's lebhaft fort, und abends hatte ich das Vergnügen, dreiundsechzig Dollar als die Einnahme des ersten Tages zu zählen. Das ganze Faß Ale war verzapft, die anderen Vorräte aber nicht beträchtlich vermindert, so daß der Gewinn bedeutend war, da ich bis auf sieben Dollar meine ganzen Kosten gedeckt hatte.

Ich brauche nicht zu erwähnen, wie vergnügt ich über den Erfolg dieses ersten Versuches war. Ich betrachtete meinen Laden als eine gemachte Sache, und so war es auch. Ich lagerte ein anderes Faß Ale ein und legte, nach New York reisend, mein ganzes Kapital zum Ankaufe eines kleinen Vorrats Galanteriewaren und anderer leicht verkäuflicher Artikel an, zum Beispiel Taschentücher, Kämme, Knöpfe, Taschenmesser, Fingerringe und Spielsachen. Den ganzen Sommer ging's gut, und im Herbst vermehrte ich noch meine Artikel.

Mein Großvater freute sich meines Erfolges und riet mir, die Agentur eines Lotterieunternehmens zum Verkaufe von Losen gegen Kommission zu übernehmen. Lotterien waren damals in Connecticut erlaubt. Ich befolgte daher den Rat und erhielt eine Agentur zum Verkauf der Lose gegen zehn Prozent. Diese Einnahme, verbunden mit dem Erlös aus anderen Branchen, machte meinen Gewinn schon ganz beträchtlich.

Bald traf ich Anstalten, nach Pittsburg in Pennsylvanien zu gehen, und zwar auf eine Entdeckungsreise in Gesellschaft Herrn S. Sherwoods aus Bridgeport. Ich hatte gehört, daß in dieser Stadt sich ein Lotteriegeschäft sehr gut rentieren würde, und wir beide wollten unser Glück dort versuchen, vorausgesetzt, daß die Lage der Dinge unseren Erwartungen entsprechen würde. Wir sprachen auf dem Büro der New Yorker Direktoren vor und hatten eine Zusammenkunft mit ihrem Hauptgeschäftsführer. Er dachte nicht günstig von Pittsburg, bot uns aber die Generalagentur für den Staat Tennessee an, wenn ich ein Kontor in Nashville eröffnen wollte. Der Vorschlag war verführerisch, aber ich fürchtete, der Ort wäre zu entfernt, um die Zustimmung einer gewissen Damenschneiderin in Bethel zu erhalten, deren Wünsche ich aus gewissen Gründen zu berücksichtigen verpflichtet war. Da wir Pittsburg aufgegeben, wollten wir doch einen Ausflug nach Philadelphia machen. Wir begaben uns mit einem Morgenboot nach New Brunswick, von wo die Passagiere mit Wagen nach Bordentown dreißig Meilen durch den Sand fuhren, dann wieder an Bord eines Dampfschiffes gingen und abends in Philadelphia ankamen. Wir kehrten in »Kongreß-Hall«, Chesnutstraße, ein, wo wir es großartiger fanden als irgendwo sonst je zuvor.

Die vielen Aufwärter, das häufige Wechseln der Teller, die Servietten und noch manch andere Dinge waren uns neu und seltsam; aber wir fanden uns bald darein, fühlten uns eine Woche lang wie die Hasen im Kohl, besuchten das Theater und gingen spazieren. Sonntags lauschten wir mit Vergnügen den Glocken der Christkirche; es waren die ersten, die wir hörten. Aber die Rechnung erweckte uns aus dem Taumel, und es war zweifelhaft, ob unsere Kasse zur Heimreise ausreichte. Die Furcht war wohlbegründet; wir hatten so verschwenderisch gehaust, daß nach Bezahlung der Rechnung und zweier Plätze nach New York unsere Barschaft noch aus siebenundzwanzig Cent bestand.

Das war unstreitig eine peinliche Lage. Glücklicherweise hatten wir sie schon vor dem Frühstück erkannt, und da dasselbe in der Rechnung einbegriffen war, so nutzten wir die Gelegenheit, einige Biskuits einzustecken, welche uns zum Mittagessen dienen sollten.

Als wir das Hotel verließen, erinnerte uns der Stiefelputzer an das Trinkgeld. Sherwood sagte, das wäre immer in der Rechnung einbegriffen und er gäbe nichts. Ich konnte es nicht über mich gewinnen, sondern gab dem Manne zwei Schilling, wodurch unsere Barschaft auf zwei Cent reduziert wurde. Unsere Mantelsäcke trugen wir selbst.

Den ganzen Tag von unseren Biskuits zehrend, kamen wir nach New York, wo wir unser Gepäck eine Meile weit nach Holts Hotel in der Fultonstraße trugen. Am folgenden Morgen lieh Sherwood fünfzig Dollar von einem Verwandten, gab mir die Hälfte davon, und wir kehrten nach einigen Tagen wieder heim. Ich weiß nicht, wie Sherwood die Sache nahm; mir aber fiel häufig das Sprichwort ein: Narren und Geld tun nicht gut zusammen.

Unser Besuch in New York bei den Lotteriedirektoren klärte mich über den in diesem Geschäftszweig zu machenden Gewinn auf. Ich hatte bisher Lose in Kommission mit zehn bis fünfzehn Prozent verkauft, aber aus meiner Unterredung mit Herrn Gregory erfuhr ich, daß die Direktoren die fünfzehn Prozent, die von allen Preisen abgezogen wurden, für sich behielten und ihren Agenten die Lose zum Planpreise überließen, was diesen einen Vorteil von fünfundzwanzig bis dreißig Prozent gewährte. Da die Lotterien in zusammengesetzten Zahlen gezogen wurden, so wußte das Publikum nie, wie hoch sich die Loszahl belief; die Direktoren machten daher die Gewinnbeträge fünfundzwanzig bis dreißig Prozent kleiner, als der Detailpreis der Lose einbringen konnte. Dieser Abzug war eine weitere Prellerei. In den altmodischen Lotterien hatte der Abzug nur fünfzehn Prozent betragen.

Nachdem ich mich über die Gewinnbasis derartiger Unternehmungen orientiert hatte, ging ich zu unsern connecticutschen Lotteriedirektoren und erhielt von jetzt an meine Lose zum Kollekteurpreis. Ich errichtete Agenturen im ganzen Land, und mein Profit war außerordentlich groß. Manchmal verkaufte ich an einem Tage für mehrere hundert Dollar Lose. Zu dieser Zeit verband ich mich mit meinem Oheim Alanzor Taylor zum Betrieb eines Lotteriegeschäftes, worin sich derselbe sehr tätig zeigte.

Einst verkaufte ich ein Paket Viertellose meiner Tante Laura Nichols und einer ihrer Nachbarinnen für fünfundzwanzig Dollar. Ehe die Ziehung stattfand, wurde die Nachbarin ängstlich und bat mich, die Lose zurückzunehmen, was meine Tante billigte. Als die Post mit den gezogenen Nummern ankam, hatte ich gerade das Paket in der Hand. Es für meine alleinige Rechnung zu behalten, war mir zuviel; ich beredete also acht meiner anwesenden Kunden, mit mir gemeinschaftlich das Paket Lose zu spielen. Wir öffneten nun den Brief mit den gezogenen Nummern und fanden, daß wir ein Viertel des höchsten Treffers von fünfzehntausend Dollar gewonnen hatten. Dadurch gewann jeder von uns neunen dreihundertfünfzig Dollar netto.

Die Sache wurde gehörig beredet, und meine Tante konnte weder ihrer ängstlichen Nachbarin je verzeihen noch aufhören, ihr eigenes Unglück zu beklagen. Das Glück, das große Los gewonnen zu haben, verbreitete sich wie ein Lauffeuer, und die ganze Gegend wurde lotterieverrückt. Unser Absatz nahm ungeheuer zu. Unser Gehilfe verkaufte an einem einzigen Tag für eintausend Dollar Lose, während ich Lose für einen gleichen Betrag auf einer Tour zu Pferd in den Dörfern und Fabriken absetzte.

Ich hatte immer noch ein Auge auf die anziehende Schneiderin Charity Hallet; doch meinten meine Mutter und andere Verwandte, ich sollte höher hinaus. Alle aber, die das Mädchen kannten, lobten es als fleißig, gefühlvoll, ausgezeichnet und brav. Einer sagte, sie wäre viel zu gut für mich. Ich war ganz dieser Meinung, und im Sommer 1829 hielt ich um ihre Hand an. Ich ward angenommen und der Hochzeitstag festgesetzt. Ich oblag indes eifrigst meinen Geschäften, so daß niemand das nahe Ereignis in meinem Leben ahnte. Im Oktober reiste meine Geliebte nach New York, angeblich um ihren Oheim Nathan Beers zu besuchen. Ich reiste am 7. November gleichfalls dahin, um Einkäufe zu machen. Am nächsten Tag wurde

Charity mit Hilfe des ehrwürdigen Herrn McAuley Frau Barnum und ich der Mann des besten Weibes, das je die Schöpfung zierte.

Ich war damals wenig über neunzehn Jahre alt. Ich war immer überzeugt, daß, hätte ich zwanzig Jahre länger gewartet, ich doch keine so würdige und mir zusagende Frau gefunden hätte; dessenungeachtet empfehle und billige ich keine allzu frühe Heirat. Junge Leute sollten reifer werden, ehe sie den wichtigsten Schritt ihres Lebens wagen. Man hat die Ehe mit einer Lotterie, einem Sprung ins Dunkel und so weiter verglichen: jedenfalls ist sie eine ernste Schule und erfordert ernste Vorbereitung. Frühzeitige Heiraten, namentlich Heiraten zwischen jungen Burschen und unentwickelten Mädchen, sind die Quellen unsäglichen Elends, trotz des Rates des guten alten Philosophen Ben Franklin.

Mann und Frau kehrten nach Bethel zurück und quartierten sich bei der Familie ein, wo Charity früher gewohnt hatte. Meine Mutter tat, als ob nichts vorgefallen wäre, und spielte mit keinem Wort auf die Verheiratung an. Sie war offenbar durch die Heimlichkeit verletzt; ich besuchte sie indes nach wie vor, und nach einem Monat lud sie uns zu Besuch auf den nächsten Sonntag ein. Ich bin seitdem überzeugt, daß weder sie noch sonst jemand je der Meinung war, daß ich nicht äußerst glücklich in meiner Wahl gewesen sei.

Im Winter 1829 auf 30 eröffnete ich ein Lotteriebüro in Danbury; die Filiale in Bethel behielt ich bei wie auch verschiedene Zweigbüros an mehreren anderen Orten und eine Masse kleiner Agenturen allerorts dreißig Meilen im Umkreis.

Im Juni 1830 kaufte ich von meinem Großvater drei Acker Land in Bethel, um ein Haus darauf zu errichten. Lewis Osborne, ein Baumeister, erbaute mir für eintausendfünfzig Dollar ein zweieinhalbstöckiges Wohnhaus. Wir bezogen es im folgenden Frühjahr.

Mein Losverkauf beschränkte sich jetzt im großartigen

Maßstabe nur auf wenige bedeutende Kunden, die große Ankäufe machten und denen ich Kredit gab. Das Geschäft einem zuverlässigen Gehilfen überlassend, spekulierte ich einige Monate lang in Büchern. Ich kaufte solche auf New Yorker und anderen Versteigerungen und brachte sie aufs Land, wo ich sie selbst wieder versteigerte. Die Sache ging ziemlich gut bis auf zwei Ausnahmen.

Eines Abends hielt ich eine solche Versteigerung in Littlefield. Die Rechtsschule war damals in diesem Ort. Die Studenten waren meine Kunden, stahlen mir aber einen beträchtlichen Teil meiner teuersten Werke. Ebenso erging's mir in Newburgh; ich gab daher das Auktionsgeschäft auf.

Im selben Frühjahr 1831 errichtete ich ein Gebäude in Bethel, das als der »gelbe Laden« bekannt ist, groß genug, um je eine Familie im zweiten und dritten Stock aufzunehmen. Im Juli 1831 eröffnete ich in Gemeinschaft mit meinem Onkel das Geschäft mit einem Sortiment, wie es gewöhnlich in einem Landladen gefunden wird: Kurzwaren, Spezereien, Eisen- und Töpferwaren und dergleichen.

Ungefähr zu dieser Zeit war die religiöse Welt in großer Aufregung, wenigstens in der Gegend, wo ich wohnte, und in Neu-England überhaupt. Häufigere Meetings wurden in vielen Kirchen gehalten, und mit systematischer Anstrengung wurden viele Leute jeden Alters, namentlich jüngere, bekehrt und als Mitglieder der verschiedenen Gemeinden an- und aufgenommen. Der Eifer, den diese Bekehrung erzeugte, war bei einigen so stark, daß sie in religiösen Wahnsinn fielen, und überall hörte man von Selbstmorden oder Mordanschlägen, die sie in solchem Zustand vollbrachten. Ich könnte manchen traurigen Fall dafür anführen, zum Beispiel die Ermordung zweier Kinder durch ihren eigenen Vater in New Canaan, aber ich unterlasse es und führe nur an, daß mich diese Tatsache zur Herausgabe einer Zeitung veranlaßt hat.

Dazu kam noch, daß einige allzu eifrige Sektierer kurz zuvor höchst unvernünftig die Bildung einer »christlich-politischen Partei« angeraten hatten. Sie wollten, daß nur Religionslehrer zu Ehren- oder Staatsämtern in der Zivilverwaltung wahlfähig sein sollten. Ein »ehrwürdiger« Geistlicher lehrte, daß allein durch den Einfluß von Sonntagsschulen ein vollständiger Triumph über die »Weltleute« binnen zehn, höchstens zwanzig Jahren gesichert werden könnte.

Bisher hatte ich nie gewählt, da ich erst am 5. Juli 1831 groß-jährig geworden war. Doch waren alle meine Neigungen durchaus zugunsten der demokratischen Partei. Mein Groß-vater und seine zwei Söhne waren tüchtige Demokraten, und ich war eifrigst entschlossen, in ihre Fußtapfen zu treten. Viele Personen, darunter ich selbst, fürchteten, es möchte sich eine große religiöse Koalition im Lande bilden, welche die Wünsche gewisser Fanatiker in oben angedeuteter Richtung zur Aus-führung bringen könnte.

Ich habe längst eingesehen und gestehe es hier, daß unsere Befürchtung übertrieben war, obgleich gerade diese Furcht möglicherweise alledem vorgebeugt hat. Es ist wahr, Tausende unserer Mitbürger wurden von dem religiösen Enthusiasmus fortgerissen, der wie ein Sturmwind durch das Land fuhr, und wenn man die Geschichte betrachtet, die uns lehrt, welche Scheußlichkeiten im Namen der Religion verübt werden, ist es gewiß zu entschuldigen, daß die Furcht vor Erneuerung solcher Szenen in diesem Lande die Gemüter ängstigte. Aber nochmals, der Grund zu dieser Furcht war nicht groß. Viele fühlten Ach-tung und Ehrerbietung für jene alten Puritaner, die gleich ande-ren über den Ozean vor der Verfolgung Geflüchteten nie darein eingewilligt hätten, daß die Vereinigung von Kirche und Staat auch nur im entferntesten zustande käme. Auch unser ganzes Erziehungssystem ist so innig mit der Freiheit religiöser und politischer Gleichstellung verwebt, daß es solchen Parteien je-den Erfolg verwehrt, die darauf hinarbeiten, andersgläubigen Mitbürgern die Gleichberechtigung zu versagen.

Da ich inzwischen zu denen gehörte, welche solche Befürchtungen hegten, und da ich ferner im Herzen ein entschiedener Demokrat war, sprach ich mich offen aus und kam dadurch in Konflikt mit Personen, die sonst nie eine Abneigung gegen mich gefühlt hätten. Ich schrieb auch einige Leitartikel darüber für das Wochenblatt von Danbury und machte in scharfen Worten auf die Übel aufmerksam, welche von religiöser Aufreizung und insbesondere von der Politik fanatischer Pfaffen durch Einwirkung auf die öffentlichen Angelegenheiten zu befürchten standen. Die Veröffentlichung meiner Artikel wurde von der Redaktion abgelehnt. Darüber erbittert, erklärte ich, wie ich es auch aufrichtig glaubte, daß dieser Pfaffeneinfluß schon so mächtig sei, daß er die Presse geknebelt habe, und daß ich es daher doppelt für meine Pflicht hielte, das Publikum zu einer richtigen Einschätzung der Gefahr aufzurütteln.

Ich kündigte deshalb an, daß ich eine Presse und Druckerei erwerben würde und in Bälde eine Wochenzeitschrift herauszugeben beabsichtigte, die sich gegen jede Beeinträchtigung der Freiheiten unseres Landes wenden sollte. Am 19. Oktober 1831 erschien die erste Nummer des »Herold der Freiheit«.

Die Kühnheit und Nachdrücklichkeit, womit dieses Blatt redigiert wurde, verschaffte ihm in kurzer Zeit eine ausgedehnte Verbreitung, nicht allein in der engeren Heimat, sondern in beinahe allen Staaten der Union.

Mit jugendlicher Heftigkeit und ohne Rücksicht auf etwaige Folgen zog ich mir wiederholt unangenehme Prozesse auf Grund des Verleumdungsgesetzes zu. Ich wurde während meiner dreijährigen redaktionellen Tätigkeit dreimal gerichtlich belangt. Das eine Mal gab hierzu ein Metzger in Danbury, den ich als einen Spion in der demokratischen Partei denunziert hatte, den Anlaß. Bei der ersten Verhandlung wurden die Geschworenen nicht einig, bei der zweiten erhielt ich eine Geldstrafe von mehreren hundert Dollar. Die zwei anderen Gerichtsverfahren wurden auf öffentliche Anklage hin eingeleitet. Das eine ließ man ohne alle Verhandlung fallen, in dem andern wurde ich zu hundert Dollar Strafe und sechzig Tagen gemeiner Haft verurteilt.

Ich hatte es ganz bequem im Gefängnis zu Danbury, ließ das Zimmer, das ich für sechzig Tage bewohnen sollte, tapezieren und mit einem Teppich belegen, lebte gut und war durch den beständigen Besuch teilnehmender Freunde nur zu sehr in Anspruch genommen. Mein Blatt erschien wie gewöhnlich und erhielt während meiner Haft einen Zuwachs von einigen hundert Abonnenten.

Als meine Strafzeit zu Ende ging, ward das Ereignis durch eine von allen Seiten zusammengeströmte Volksmenge festlich begangen. Meine Wiederbefreiung wurde im nämlichen Gerichtssaal gefeiert, wo ich verurteilt worden war. Eine ausgezeichnete Ode, für die Veranlassung gedichtet, ward gesungen, und eine beredte Ansprache über die Freiheit der Presse wurde von Sr. Ehrwürden Fiske gehalten. Mehrere hundert Herren saßen dann bei einem üppigen Mahl zusammen.

Dann kam der hervorragendste Teil der Zeremonie, der in meinem Blatte vom 12. Dezember 1832 folgendermaßen beschrieben ist:

»P. T. Barnum und die Musikkapelle nahmen ihre Sitze in einer Kutsche, mit sechs Pferden bespannt, die für das Fest hergerichtet worden war. Der Kutsche voran ritten vierzig Reiter, von einem Festordner angeführt, der das Sternenbanner trug. Gleich nach dieser Kutsche kam die des Festredners und Vorsitzenden, vom Komitee gefolgt und von sechzig Privatwagen, deren Eigentümer sich angeschlossen hatten, den Herausgeber in seine Wohnung zu geleiten.

Als sich der Zug in Bewegung setzte, wurde von vielen hundert Bürgern dreimal Vivat gerufen. Die Musikkapelle spielte patriotische Weisen auf dem ganzen Weg nach Bethel. Bis zum Schluß herrschte unter allen Teilnehmern größte Harmonie.«

Meine Laufbahn als Zeitungsredakteur war sehr stürmisch und könnte Stoff zu manchen Erzählungen liefern; ich gehe aber zu einem andern Teile meiner Geschichte über.

Das Geschäft, das ich weiterhin beibehalten hatte, brachte aus verschiedenen Gründen nur wenig ein. Ich war gewöhnt, Geschäfte rascher abzuschließen, als es im Kleinhandel angängig war; daher kaufte ich viel ein, und um viel zu verkaufen, mußte ich ausgedehnten Kredit geben, hatte also bald eine Menge fragwürdiger Außenstände. In meinem alten Hauptbuch aus damaliger Zeit finden sich viele Einträge wie »Saldo durch Tod«, »Unbekannt verzogen«, »Saldiert durch Betrug«, »Durch Bankrott quittiert«, »Durch falschen Eid getilgt«. Ein kleiner, von einem reichen Mann in Danbury mir geschuldeter Betrag hatte so lange offengestanden, daß ich in der Annahme, der reiche Schuldner müsse ihn vergessen haben, ihn mit der Bemerkung durchstrich, »zu reich, um gemahnt zu werden«.

Die Nr. 160 des »Herolds der Freiheit« vom 5. November 1834 war die letzte in Danbury erschienene Nummer; dann ward die Redaktion nach Norwalk verlegt, wo sie mein Schwager Amerman leitete, bis im Laufe des folgenden Jahres das Blatt an George Taylor verkauft wurde.

Im Winter 1834/35 übersiedelte ich mit meiner Familie nach New York, wo ich in der Hudsonstraße ein Haus gemietet hatte. Um die Wahrheit zu sagen, ging ich nach dieser großen Stadt, um hier »mein Glück zu suchen«.

Als ich nach New York kam, hatte ich keine anderen pekuniären Hilfsquellen als jene, welche in alten Schulden bestanden, mit deren Inkasso ein Agent in Bethel beauftragt war.

Ich hatte gehofft, mit einer New Yorker Firma in Verbindung treten zu können, bei der ich für meine Leistungen einen Gewinnanteil erhielte, da es mir widerstrebte, gegen ein festes Gehalt zu arbeiten. Aber ich konnte eine solche Stellung nicht finden.

Jeden Morgen, sobald die Sonne aufging, überflogen meine Augen die Spalte des »Gesucht wird« im »New York Sun« in der Hoffnung, etwas zu entdecken, das mir zusagte. Die wilde Jagd nach den dort so verlockend angebotenen Stellungen bot viel Abwechslung. Reichtümer gleich denen des Krösus wurden verheißen, und in einer dieser Anzeigen wurde man auf geheimnisvolle Weise eingeladen, sich nach dem Zimmer Nr. 16 im fünften Stock eines Hauses an einem abgelegenen und keineswegs geheueren Ort zu begeben. Wenn ich aber meine Schritte über die Jakobsleiter finsterer, krummer, schmutziger Stiegen und durch dunkle, enge Gänge gelenkt hatte, so mußte ich feststellen, daß mein Glück erstens von einer Geldeinlage von drei- bis fünfhundert Dollar und zweitens von meinem Erfolg im Hausieren mit einer neuentdeckten patentierten Lebenspille, einer kunstreichen Mausefalle oder dergleichen abhing.

Eines Morgens fand ich im »Sun« folgende Anzeige:

SCHANKKELLNER GESUCHT
Anzufragen bei W. Niblo

Ich ging sogleich nach »Niblos Garten« und sah dort das erstemal in meinem Leben den mit Recht beliebten Eigentümer, einen wirklichen Gentleman. Nachdem ich mein Anliegen vorgebracht, sagte Herr Niblo, er wünschte einen gewandten und zuverlässigen Mann, der fähig wäre, die Stelle ganz auszufüllen, der die gediegensten Zeugnisse seiner Unbescholtenheit beibrächte und der sich auf drei Jahre verpflichtete. Die letzte Bedingung war natürlich meinem Plane entgegen, da ich diesen Posten nur als einen augenblicklichen Notbehelf ansah.

All mein Gerenne auf Grund der Anzeigen war vergeblich, und ich blieb den ganzen Winter hindurch ohne Stellung.

Zu Beginn des Frühjahrs erhielt ich einige hundert Dollar von meinem Agenten in Bethel und eröffnete in Ermangelung eines anderen passenden Geschäftes am 1. Mai 1835 ein kleines Privatkosthaus in der Frankfortstraße Nr. 32. Ich rechnete hauptsächlich auf Kostgänger aus meinem Bekanntenkreis in Connecticut, welche für kurze Zeit New York aufsuchten. Wir hatten bald einen ziemlichen Zuspruch; da aber diese Beschäftigung meine Zeit nicht ausfüllte, so beteiligte ich mich an einem Spezereiladen Southstreet Nr. 156, der Herrn Joh. Moody gehörte.

Gegen Ende Juli 1835 besuchte Herr Coley Bartram aus Reading, Connecticut, unseren Laden. Er war mit Herrn Moody und mit mir verwandt. Er teilte uns mit, er hätte einen Anteil am Besitz einer außergewöhnlichen einhunderteinundsechzig Jahre alten Negerfrau erworben, die, wie er glaubte, die Amme General Washingtons gewesen. Er hatte seinen Anteil seinem Teilhaber, R. W. Lindsay von Jefferson County, Kentucky, abgetreten, der sie jetzt in Philadelphia ausstellte, aber da er nicht viel Geschick zu einem Aussteller hätte, geneigt wäre, sie zu verkaufen.

Herr Bartram gab mir zugleich ein Exemplar des »Pennsylvania Inquirer« vom 15. Juli 1835 und lenkte meine Aufmerksamkeit auf folgende Anzeige, die ich umstehend wörtlich wiedergebe. ☞

Die New Yorker Zeitungen hatten bereits Beschreibungen dieser bewundernswerten Person gebracht, und ich beschloß, auf den Gegenstand neugierig geworden, ohne Verzug nach Philadelphia zu gehen, wo ich mit Lindsay in der Masonic Halle zusammentraf.

Die Erscheinung des alten Weibes machte einen günstigen Eindruck auf mich. Soweit es auf die äußeren Merkmale ankam, konnte man ihr ebensogut tausend Jahre wie jedes andere Alter beilegen. Sie lag auf einem hohen Ruhebett in der Mitte des Zimmers; ihre unteren Extremitäten waren angezogen, die Knie etwa zwei Fuß hoch über dem Ende des Ruhebetts. Sie war offenbar bei guter Gesundheit und Stimmung, aber früheres Kranksein oder ihre Bejahrtheit oder vielleicht beides zusammen hatten sie unfähig gemacht, ihre Stellung zu verändern; in der Tat blieben, obwohl sie einen ihrer Arme nach Belieben bewegen konnte, ihre Beine unbeweglich in ihrer Lage und konnten nicht ausgestreckt werden. Sie war vollständig blind, und ihre Augen waren so tief in die Augenhöhlen eingesunken, daß sie völlig verschwunden zu sein schienen. Sie besaß keine Zähne, hatte aber einen Kopf voll dicker grauer krauser Haare. Ihr linker Arm lag quer über ihrer Brust, und sie vermochte nicht, ihn zu rühren. Die Finger ihrer linken Hand waren eng zusammengeschlossen; sie schienen steif und unbeweglich. Die Nägel an denselben waren ungefähr vier Zoll lang

KURIOSITÄT

· DIE ·
BÜRGER VON
PHILADELPHIA UND

seiner Umgegend haben jetzt Gelegenheit, in der Masonic Halle eine der größten Naturmerkwürdigkeiten, die jemals vorkamen, zu sehen, nämlich Joice Heth, eine Negerin, einhunderteinundsechzig Jahre alt, welche früher dem Vater des Generals Washington gehörte. Sie war einhunderteinundsechzig Jahre lang ein Mitglied der Kirche der Wiedertäufer, kann viele Lieder anstimmen und sie nach der alten Sitte vorsingen. Sie wurde nah bei dem alten Potomacfluß in Virginien geboren und hat während neunzig oder hundert Jahren in Paris, Kentucky, mit der Bowlingschen Familie gelebt. Alle, welche dieses außerordentliche Weib gesehen haben, sind von der Wahrheit der Angabe ihres Alters überzeugt. Der Beweis durch die so respektable Familie der Bowling ist stark, aber der ursprüngliche Verkaufsschein von August Washington in seiner eigenen Handschrift und andere Beweise, welche der Eigentümer besitzt, werden auch den Ungläubigsten überzeugen. Eine Dame wird während des Nachmittags und Abends für den Empfang der besuchenden Frauen zur Verfügung stehen.

und gingen über das Handgelenk. Die Nägel ihrer großen Zehen hatten auch fast die Dicke eines Viertelzolls.

Sie war sehr gesellig und mochte so lange schwatzen, wie die Besucher Lust hatten, ihr zuzuhören. Sie sang eine Menge alter

Lieder und wurde sehr schwatzhaft, wenn sie von ihrem Gönner, dem »lieben kleinen George«, wie sie den großen Vater des Landes nannte, sprach. Sie versicherte, daß sie bei seiner Geburt zugegen gewesen, daß sie früher Sklavin von August Washington, dem Vater Georges, war und daß sie die erste Person gewesen, welche ihm Kleider anzog.

»In der Tat«, sagte Joice, und das war ein Lieblingsausdruck von ihr, »ich zog ihn auf.« Sie erzählte eine Menge interessanter Anekdoten von »ihrem lieben, kleinen George«, und dies, verbunden mit ihren Bemerkungen über religiöse Dinge, denn sie erklärte sich für ein Mitglied der Baptistenkirche, machte ihr Zurschaustellen höchst attraktiv.

Ich fragte Herrn Lindsay nach den Beweisen ihres außergewöhnlichen Alters, und er zeigte mir etwas, das einem Verkaufsschein von »August Washington, in dem Bezirk von Westmoreland, Virginia, an Elisabeth Atwood, bezüglich einer Negerfrau, genannt Joice Heth, alt vierundfünfzig Jahr, im Werte und bezahlt mit dem Betrage von dreiunddreißig Pfund gesetzlichen Geldes in Virginia«, gleichkam. Das Dokument trug das Datum vom 5. Februar 1727 und war gesiegelt und ausgestellt »in Gegenwart von Richard Buckner und Wilhelm Washington«.

Lindsay und Tante Joice erzählten, daß Frau Elisabeth Atwood eine Schwägerin von August Washington, daß der Mann der Joice ein Sklave des Herrn Atwood war und daß aus diesem Grunde der obige Verkauf stattfand. Da Herr Atwood ein naher Nachbar Herrn Washingtons war, so war Tante Joice bei der Geburt des »kleinen George« zugegen, und da sie lange Zeit die Kinderwärterin der alten Familie war, rief man sie auch sogleich, um das neugeborne Kind zu bekleiden.

Die Sache schien glaubwürdig, und der Verkaufsschein hatte ganz das Aussehen eines alten Dokuments. Er befand sich in einem sehr schmutzig aussehenden Glasschrank und schien so häufig durchgesehen worden zu sein, daß die Blätter teils mehr, teils weniger abgegriffen waren.

Ich wollte wissen, warum das Vorhandensein eines so außerordentlich alten Weibes nicht früher entdeckt und bekanntgemacht worden wäre. Man gab mir zur Antwort, daß sie in einem Nebenhaus des John S. Bowling in Kentucky gelegen habe, daß niemand sie kannte und sich um ihr Alter zu kümmern schien, daß sie dorthin von Virginia lange Zeit vorher gebracht worden sei, und zwar durch den Sohn des Herrn Bowling, welcher beim Durchstöbern alter Papiere in seinem Office zufällig das Joice Heth gezeichnete Blatt gewahr wurde, daß dies seine Neugierde erregte und daß er im Verfolg von Nachforschungen in der Nachbarschaft sich überzeugt habe, jenes Dokument beziehe sich auf die noch lebende alte Sklavin seines Vaters. Somit sei sie zuverlässig einhunderteinundsechzig Jahre alt; als er hierauf das Papier nach Hause brachte, fand er seine Vermutung betreffs der Identität der darin beschriebenen Sklavin seines Vaters bestätigt.

Diese ganze Erzählung stellte mich vollauf zufrieden, und ich fragte nach dem Preis der Negerin. Dreitausend Dollar, hieß es; doch erhielt ich, bevor ich Philadelphia verließ, ein Schreiben von Herrn Lindsay, in welchem er mir das Recht vorbehielt, sie jederzeit innerhalb von zehn Tagen für die Summe von eintausend Dollar erwerben zu können.

Mit diesem Schreiben begab ich mich nach New York, entschlossen, wenn tunlich Joice Heth zu erwerben. Ich hatte nicht mehr als fünfhundert Dollar in bar, bewog aber einen Freund, dem ich die glänzendste Schilderung von der goldenen Einnahme des zu erwartenden Geschäfts gegeben hatte, mir die anderen fünfhundert Dollar zu leihen, und nachdem ich meinen Anteil am Spezereiladen meinem Kompagnon Moody verkauft hatte, kehrte ich nach Philadelphia zurück, und fortan gehörte die Negerin mir.

Ich bat Lindsay, die Ausstellung in Philadelphia noch eine Woche zu betreuen, damit ich genügend Zeit hatte, die nötigen Vorkehrungen dafür in New York zu treffen.

Ich wandte mich an Herrn Wilhelm Niblo, der meiner Meinung nach die alte Negerin in Philadelphia gesehen hatte. Es kam ihm nicht im mindesten in den Sinn, daß ich der Mann sei, der wenige Monate vorher ihn um den Platz des Schankkellners angegangen hatte. Wir einigten uns bald behufs der Ausstellung von Tante Joice über eins der größeren Gemächer seines Wohnhauses in der unmittelbaren Nähe seines Lokals, das damals ein breiter, offener und luftiger Saal war, wo musikalische und zwanglose Unterhaltungen geboten wurden, indem die Gäste, die in kleinen, alkovenartigen, mit Tischen versehenen und um den ganzen Raum des Gartens herum angebrachten Lauben saßen, sowohl während der Pausen sowie bei den Darbietungen mit Gefrornem und andern Erfrischungen bedient wurden.

Diese Lauben waren geschmackvoll mit Lampen geschmückt, die in verschiedenen Farben prangten. Der große durch die Mitte des Gartens führende Weg war an jeder Seite mit hübschen Transparenten versehen, über denen Kugellampen angebracht waren. Diese Transparente stellten damals in New York noch eine Neuheit dar und übten eine große Anziehungskraft aus. Ich ließ mir mehrere solcher Transparente anfertigen, welche ich mit einem Rahmen versah und die von innen beleuchtet wurden. Mit weißen Buchstaben stand darauf zu lesen:

JOICE HETH
161
JAHRE ALT

Die Bedingungen meines Abkommens mit Herrn Niblo waren folgende: Er sollte für Räumlichkeiten und Beleuchtung sorgen, die Druckkosten für die Programmzettel tragen sowie den Billettverkäufer bezahlen und dafür die Hälfte der Bruttoeinnahme erhalten. Die Einnahme belief sich im Durchschnitt auf eintausendfünfhundert Dollar per Woche.

Ich nahm als Gehilfen bei der Schaustellung der Tante Joice Herrn Levi Lyman. Er war von Beruf Rechtsanwalt und hatte in Penn Yan, New York, praktiziert. Er war ein schlauer, geselliger und etwas lässiger Yankee, besaß viel Einblick in die menschliche Natur, war höflich, zugänglich und imstande, über eine Masse von Dingen zu sprechen, und ganz besonders zu der Stellung geeignet, die ich ihm zuwies.

Es versteht sich von selbst, daß ich in Ausübung meines neuen Berufes als Schausteller keine Mühe scheute, damit Erfolg zu haben. Der große Einfluß der öffentlichen Presse war mir bekannt, und ich bediente mich seiner nach Maßgabe meiner Fähigkeit, Lyman setzte eine kurze Denkschrift über Joice auf und verkaufte sie als eine mit dem Bildnis der Negerin versehene Flugschrift auf eigene Rechnung, zu sechs Cent das Stück.

Ich hatte dasselbe Bild auf zahllose kleine Zettel drucken lassen und überflutete die Stadt mit Anzeigen, indem ich die besonderen Reize angab, welche die »Kinderwärterin von Washington« zu bieten hatte. Hier sind einige Proben der Ankündigungen und Anzeigen aus jener Zeit:

»Niblos Garten. – Die größte Kuriosität der Welt und die interessanteste besonders für Amerikaner wird jetzt im vorderen Saal an der Broadwayseite in dem neulich für das Diorama errichteten Gebäude zur Schau gestellt, Joice Heth, Kinderwärterin von General George Washington, dem Vater des Vaterlandes, welche das erstaunliche Alter von einhunderteinundsechzig Jahren erreicht hat, wie authentische Dokumente beweisen, und den vollen Gebrauch ihrer geistigen Fähigkei-

ten besitzt. Sie ist munter und gesund, obwohl sie kaum neun-
undvierzig Pfund wiegt. Sie erzählt viele Anekdoten von ihrem
jungen Herrn; sie spricht auch von den Rotröcken aus dem
letzten Revolutionskriege, aber diese scheinen bei ihr nicht in
hoher Achtung zu stehen …

Sie ist von unzähligen Damen und Herren besucht worden,
unter denen sich viele Geistliche und Ärzte befanden, welche
sie für das älteste Exemplar unter uns Sterblichen erklärt haben
und sie als eine große Kuriosität ansehen …

Sie gehört der Baptistenkirche länger als einhundert Jahre an
und scheint ein großes Vergnügen bei der Unterhaltung mit
den sie besuchenden geistlichen Herren zu empfinden. Sie
pflegt häufig zu singen und wiederholt Stellen aus Liedern und
Psalmen.«

Eine andere Anzeige appellierte auf das dringlichste an den
Patriotismus und die Neugierde:

»Joice Heth ist ohne Frage die erstaunlichste und interessanteste Kuriosität der Welt. Sie war die Sklavin von August
Washington, des Vaters von George Washington, und war die
erste Person, welche dem noch bewußtlosen Kinde, das einst
bestimmt war, unsere heldenmütigen Voreltern zu Ruhm, Sieg
und Freiheit zu führen, die Kleider anlegte. Oder in ihrer eigenen Sprache zu reden, ›sie hat ihn auferzogen‹.«

In den Anzeigen der literarischen, politischen und religiösen Blätter standen Redaktionsbesprechungen im Überfluß,
wovon folgende als Beispiel dienen sollen:

»Wir wagen zu behaupten, daß es seit der Sündflut kein Ereignis gegeben hat, das mit dem zu vergleichen wäre, was sich
hier in diesen Wochen zuträgt. Alte wie neue Zeiten bieten
keine Parallele zu dem hohen Alter dieses Weibes. Methusalem
war neunhundertneunundsechzig Jahre alt, als er starb, aber
nichts wird über das Alter seiner Frau gesagt. Adam erreichte
fast das Alter seines uralten Nachkommen. Es ist nicht un-
wahrscheinlich, daß das schöne Geschlecht in der Vorzeit nicht

anders war als die Töchter unserer Tage – sie nennen ihr Alter nicht gern. Joice Heth ist eine Ausnahme; sie spricht in aller Offenheit davon und sagt, sie sei einhundertsechzig alt.« – New York Daily Advertiser.

»Dieses alte Geschöpf soll einhunderteinundsechzig Jahre alt sein, und wir sehen keinen Grund, das zu bezweifeln. Kein Mensch wird es bestreiten, wenn sie behauptet, fünfhundert Jahre zu zählen, denn sie und die ägyptische Mumie im Amerikanischen Museum erscheinen von gleichem Alter.« – New York Kurier und Enquirer.

»Die teure alte Frau ist, nachdem sie eine verzweifelte Liebschaft mit dem Tode hatte, ihm endlich untreu geworden. In den künftigen Ausgaben der ABC- und Gebetbücher können wir erwarten, sie als die Personifikation der Zeit abgebildet zu sehen. Der Ewige Jude und sie sind die zwei einzigen Leute, von denen wir meinen würden, sie hätten einen Freibrief für eine ewige Lebenszeit auf dieser Welt.« – New York Spirit of the Times.

Joice war eine eingefleischte Raucherin, und Grant Thoburn (besser bekannt als Lawrie Todd) verschaffte vielen Redakteuren durch die Veröffentlichung eines Aufsatzes, aus dem folgendes nur ein Auszug ist, manche Sensation:

»Ich habe heute Joice Heth besucht. Ich finde, daß es zu ihren vielen Sonderbarkeiten gehört, auch noch eine starke Raucherin zu sein. Ihre Pfleger sind genötigt, ihr diesen Luxus zu untersagen, sonst käme die Pfeife nicht aus ihrem Munde. Ich fragte sie, wie lange sie schon mit dem Gebrauch der Pfeife vertraut sei, und sie antwortete: ›Einhundertundzwanzig Jahre.‹ Es muß also, wenn das Rauchen ein Gift ist, wenigstens ein sehr langsam schleichendes sein.«

Unsere Schaustellung begann gewöhnlich damit, daß wir berichteten, auf welche Art und Weise das Alter von Joice Heth entdeckt wurde, sowie mit einer Erzählung ihrer Anekdoten in Virginien und dem Ablesen des Verkaufsscheins. Danach fragten wir sie über die Geburt des Generals Washington aus, was sie stets zu aller Zufriedenheit beantwortete. Aus dem Publikum wurden ihr häufig Fragen gestellt, und sie wurde einem strengen Kreuzverhör unterworfen; aber sie wich niemals von den tatsächlichen Geschehnissen ab. Joice liebte sehr die Kirchenmusik, wobei sie gern den Takt schlug, indem sie ihren langen, dürren Arm hob. In New York stand eines Tages ein betagter Baptistenprediger neben ihr, während sie eine ihrer Lieblingshymnen sang. Er stimmte mit ein und intonierte jeden Vers. Sie war dadurch sehr erfreut und sang mit vermehrter Kraft. Nachdem der Gesang zu Ende war, intonierte der Priester den Vers eines anderen Liedes, und Joice äußerte sogleich: »Ich kann das Lied«, und stimmte singend mit ein. Er begann in dieser Weise mehrere Lieder, die mir ganz neu waren, und jedesmal kannte sie Joice und rief ihm ein oder zwei Stellen ins Gedächtnis zurück, sofern er sich selbst nicht mehr des genauen Wortlautes erinnerte. Joice mochte gern über Religion sprechen und wünschte zu diesem Behuf häufig den Besuch von Geistlichen.

Es entsteht natürlich die Frage: Wenn Joice Heth eine Betrügerin war, wer hatte sie all diese Dinge gelehrt? Und wie kam es, daß sie nicht allein mit den alten Kirchenliedern, sondern auch mit den Einzelheiten von Washingtons Familie so vertraut war? Auf all das antwortete ich ohne Zögern: Ich weiß es nicht. Von mir hat sie es nicht gelernt. Sie war vollständig bewandert darin, ehe ich sie zu Gesicht bekommen hatte, und sie unterrichtete mich von manchen Tatsachen über Washingtons Familie, die mir vorher noch nicht bekannt waren.

Von Providence, wo die Schaustellung viel Erfolg hatte, begaben wir uns nach Boston. Das war mein erster Besuch in jenem modernen Athen, und ich sah viel, was mir neu und interessant war. Ich besuchte mehrere Kirchen und war erfreut, eine so allgemeine Heilighaltung des Sabbats zu finden. Die Theater durften sogar samstags abends nicht geöffnet werden, und meine Gedanken eilten zu manchen meiner Bekannten in Connecticut hin, welche der alten puritanischen Sitte gemäß »die Samstagabendfeier« hielten, das heißt den Sabbat mit Sonnenuntergang am Samstag begannen und mit Sonnenuntergang am Sonntag beschlossen, nach welcher Zeit sie ihre Arbeiten und Vergnügungen wieder aufnahmen.

Wir eröffneten unsere Schaustellung in dem kleinen Ballsaal der Konzerthalle, an der Ecke Court- und Hannoverstraße. Der Ruf von Joice war ihr vorausgeeilt, die Stadt war mit großen Plakaten, die ihre Ankunft meldeten, wohlversehen, und die Zeitungen hatten ihr Erscheinen auf so mannigfaltige Weise ausposaunt, daß die öffentliche Neugierde auf den Fußspitzen stand.

Der berühmte Mälzel stellte in dem großen Ballsaal der Konzerthalle seine ebenso berühmten »automatischen Schachspieler« aus, aber der Zudrang der Besucher zu Tante Joice war so groß, daß unser Saal sie nicht fassen konnte, und Herr Mälzel sah sich veranlaßt, seine Schaustellung zu schließen und uns den großen Saal einzuräumen. Ich hatte häufige Begegnungen und lange Unterredungen mit Herrn Mälzel. Ich blickte auf ihn als den Großvater der Proviantlieferanten für das öffentliche Vergnügen und war über seine Versicherung erfreut, daß ich ohne Zweifel einen erfolgreichen Schausteller abgeben würde.

»Ich sehe«, sagte er in gebrochenem Englisch, »daß Sie den Wert der Presse begreifen, und das ist eine große Sache. Nichts unterstützt den Schausteller so wie Lettern und Tinte. Wenn Ihr altes Weib stirbt«, setzte er hinzu, »so kommen Sie zu mir, und ich will Ihr Glück machen. Ich werde Ihnen mein Karussell, meine automatischen Trompetenbläser und andere Merkwürdigkeiten, welche eine Masse Geld einbringen, überlassen.«

Ich dankte für seine edelmütigen Anträge und versicherte ihm, daß, wenn die Umstände es erforderlich machten, ich mich an ihn wenden würde.

Mehrere Wochen hindurch zog Joice Heth eine große Anzahl von Besuchern herbei, ohne daß ein Nachlassen festzustellen war. Ich gab ununterbrochen Anzeigen auf und ließ kurze Notizen in den Zeitungen einrücken, die darauf abzielten, die alte Joice im Gedächtnis des Publikums lebendig zu erhalten und die Neugier des Volkes zu schüren.

Als die Zahl der Besucher abnahm, erschien in einer der Zeitungen eine Mitteilung, unterzeichnet »Ein Besucher«. Der Verfasser behauptete, eine besondere Entdeckung gemacht zu haben. Er erklärte, daß Joice Heth, so wie man sie zur Schau stellte, ein bloßer Humbug wäre. Sagte man nämlich betreffs ihrer die schlichte Wahrheit, so würde Joice Heth in der Tat viel merkwürdiger und interessanter sein. In der Tat ist Joice Heth kein menschliches Wesen. Was ein merkwürdiges altes Weib sein soll, erweist sich einfach als ein originell konstruierter Automat, zusammengesetzt aus Fischbein, Gummi und unzähligen, in erfinderischer Weise ineinander verflochtener Federn, und so eingerichtet, daß es sich nach dem Willen des Vorführers bei dem leichtesten Drucke bewegt. Der Aussteller ist ein Bauchredner, und alle Unterredungen, die er scheinbar mit der alten Dame hält, sind, soweit es diese betrifft, reine Phantasie, denn die Antworten, die sie angeblich gibt, sind nichts als die Bauchrednerstimme des Schaustellers.«

Mälzels geniales Werk der Mechanik bahnte den Weg zu dieser Anzeige, und Hunderte, die Joice Heth noch nicht besucht hatten, wurden jetzt neugierig, den sonderbaren Automaten zu besichtigen, ebenso wie viele andere, die sie schon gesehen und sie nun noch einmal in Augenschein nehmen wollten, um sich zu überzeugen, ob sie getäuscht worden seien oder nicht. Die Folge war, daß unser Besucherstrom wieder beträchtlich zunahm.

Eines Tages besuchten ein Exmitglied des Kongresses, seine Frau, zwei Kinder und seine bejahrte Mutter die Ausstellung. Er war einer der ersten Männer in Boston, ein hochgeachteter Gentleman, welchem die Besucher, als seine Familie sich der im Bett liegenden Joice Heth näherten, ehrerbietig Platz machten. Ich kam bald ins Gespräch mit dem Herrn, beantwortete eine Masse von Fragen, die er mir stellte, und richtete auch einige Worte an seine Frau. Zu gleicher Zeit unterzog seine alte Mutter unter dem Beistand meines Gehilfen Tante Joice einer genauen Untersuchung.

Die alte Dame rief gerade laut und vornehmlich und höchst befriedigt: »Ja, sie ist dennoch lebendig!«

Ich griff sogleich die Bemerkung auf und war froh, als ich wahrnahm, daß ihr Sohn sie nicht gehört hatte. Ich verstrickte ihn in ein langes Gespräch, damit er nicht das Tête-à-tête gewahr würde, welches seine Mutter und Lyman miteinander hatten, indes ich gleichzeitig mir kein Wort der beiden letzteren entgehen ließ.

»Warum glauben Sie, daß sie lebendig ist?« fragte Lyman ruhig.

»Weil ihr Puls ebenso regelmäßig wie der meinige schlägt«, antwortete die alte Frau.

»Oh, das ist der einfachste Teil der Maschinerie«, sagte Lyman. »Wir rufen diese Erscheinung nach dem Prinzip des Uhrpendels hervor.«

»Ist es möglich?« rief die alte Frau, die nun offenbar überzeugt war, daß Joice ein Automat sei. Sich hierauf zu ihrem Sohn wendend, sagte sie:

»George, dieses Wesen ist doch nicht lebendig. Es ist ganz und gar Maschine.«

»Wie, Mutter«, sagte der Sohn in unverkennbarer Verlegenheit, »wie können Sie nur so sprechen?«

Ein halb unterdrücktes Gekicher lief durch den Saal, und der Herr zog sich bald mit seiner Familie zurück. Lymans Miene drückte den größten Ernst aus, und der scharfsichtigste Beobachter hätte nicht vermocht, einen Zug in seinem Gesicht zu entdecken, der den mit der alten Dame gespielten Scherz verraten hätte.

Von Boston begaben wir uns nach Hingham und von da nach Lowell, Worcester, Springfield und Hartford, stets vom besten Erfolg begleitet. Überall schien man von der langen Lebensdauer der Joice überzeugt zu sein.

Wir beschleunigten unsere Rückkehr nach New York wegen einer zweiten mit Herrn Niblo getroffenen Abmachung. Das Amerikanische Institut feierte im Garten von Herrn Niblos Etablissement sein Jahresfest, und ich sollte zu gleicher Zeit meine Schau dort veranstalten. Bei dem großen Besucherstrom anläßlich des Festes war unser Saal meistens überfüllt, so daß wir uns genötigt sahen, weitere Ankömmlinge auf einen späteren Besuch zu vertrösten. Bei solchen Gelegenheiten pflegten wir die Vorführung abzukürzen, Joice auf den Vortrag von ein oder zwei Liedern zu beschränken, gestellte Fragen schnellstens zu beantworten und dann mit aller Höflichkeit das Publikum durch die Vordertür hinauszukomplimentieren, während durch den Eingang vom Garten sich bereits die Neuankömmlinge drängten.

Von Niblos Etablissement gingen wir für drei Tage nach New Haven, wo der Zulauf so groß wie gewöhnlich war. Wir kamen wieder nach New York und zogen von da nach Newark, wo mir derselbe Erfolg beschieden war. Von Newark kehrten wir nach New York zurück, um nach Albany zu gehen, wo ich mit Herrn Meech, dem Eigentümer des Museums, eine Vereinbarung getroffen hatte.

Während unserer dortigen Schaustellung fanden Abendvorstellungen im Museumssaal statt, die teilweise aus merkwürdigen Großtaten der Balancierkunst, des Tellerdrehens, Auf-Stelzen-Gehens usw., dargeboten von einem »Signor Antonio«, bestanden. Das Balancieren mit Tellern war etwas ganz Neues hierzulande – wenigstens für mich. Die Hauptkunststücke Antonios, sein Stelzenlaufen, sein Balancieren von Flinten mit dem Bajonett auf der Nase und verschiedene andere Darbietungen, zogen meine Aufmerksamkeit auf sich. Ich fragte Herrn Meech, woher dieser Antonio käme. Er sagte mir, er wäre ein Italiener, der von England nach Kanada, von dort nach Albany gekommen und noch in keiner anderen amerikanischen Stadt aufgetreten wäre. Nachdem ich erfahren hatte, daß Herr Meech ihn nach Ablauf der Woche nicht weiter beschäftigen würde, suchte ich eine Zusammenkunft mit Antonio, und nach kaum zehn Minuten hatte ich ihn engagiert; er sollte für mich in jedem beliebigen Teil der Vereinigten Staaten während eines Jahres zu dem Gehalt von zwölf Dollar die Woche, außer freier Beköstigung und Reiseunkosten, Vorstellungen geben. Ich wußte zwar nicht genau, wie ich am besten die Vorstellungen meines Günstlings arrangieren sollte, aber ich war gewiß, daß Kapital aus ihm zu schlagen war, und so ging ich an mein zweites Schaustellergeschäft.

Antonio, Joice Heth, Lyman und ich gingen von Albany nach New York, wo wir im Privat-Boardinghaus in der Frankfortstraße abstiegen, welches ich im Frühling vorher gemietet, aber bald nach dem Erwerb Tante Joices verkauft hatte. Ich ließ meine beiden Schaustücke in der Frankfortstraße, indes ich zu meiner Frau und Tochter ging, die bei einem Herrn Knapp in der Cherrystraße wohnten.

Der erste Dienst, um welchen ich Antonio bat, bestand darin, daß er sich den ganzen Körper waschen lassen sollte, eine Prozedur, der er sich offenbar seit mehreren Jahren nicht mehr unterzogen hatte; des weiteren verlangte ich von ihm, daß er seinen Namen änderte. Mir klang »Antonio« nicht »fremdländisch« genug, daher taufte ich ihn Signor Vivalla; beiden Vorschlägen stimmte er zu. Ich schrieb sogleich eine Notiz, welche die außerordentlichen Fähigkeiten des eben aus Italien angekommenen Signor Vivalla ankündigte und seine wunderbaren Künste hervorhob. Diese Notiz wurde unter der Neuigkeitsrubrik in einer der Stadtzeitungen abgedruckt; ich schickte ein Dutzend Abzüge an mehrere Theaterunternehmer in New York und außerhalb. Ich ging zuerst zu Herrn William Dinneford, Unternehmer des Franklin-Theaters, aber er dankte für die Akquisition des »ausgezeichneten italienischen Künstlers«. Da er eine Menge dieser Art Künstler gesehen hätte, die alle Außerordentlicheres leisteten als Vivalla, so könnte er nicht daran denken, ihn zu engagieren.

»Herr Dinneford«, sagte ich, »ich bitte um Verzeihung, aber Sie müssen mir erlauben, Ihnen zu sagen, daß Sie sich täuschen. Sie haben ohne Zweifel in Ihrem Leben sonderbare Dinge gesehen, aber ich würde niemals Signor Vivalla aus Italien importiert haben, wenn ich nicht authentische Beweise gehabt hätte, daß er der einzige Künstler dieser Gattung ist, der je Italien verließ.«

»Was sind Ihre Bedingungen?« fragte Dinneford, der offenbar unter dem magischen Eindruck ausländischen Imports zu schmelzen anfing.

»Sie sollen ihn einen Abend umsonst haben«, erwiderte ich. »Wenn Sie nach dem ersten Versuch mehr Lust haben, mögen Sie ihn für den übrigen Teil der Woche um fünfzig Dollar behalten – aber wohlverstanden, das bewillige ich nur, damit das Publikum erfahre, was an ihm ist. Nachher sind meine Bedingungen fünfzig Dollar pro Abend.«

Mein Vorschlag für einen Abend wurde angenommen. Ich rief die Mächte der Druckerschwärze und des Holzschnitts während dreier Tage und Nächte vor dem ersten Auftreten »des berühmten und außerordentlichen italienischen Künstlers Signor Vivalla« zu Hilfe, und sie erwiesen sich für meine Absichten höchst wirksam. Das Haus war gestopft voll. Ich ging mit auf die Bühne, um Vivalla bei dem Aufstapeln seiner Teller und anderen Töpferwaren zu helfen, ihm das Gewehr zum Schießen hinzureichen, nachdem er eine seiner Stelzen weggeworfen und auf der anderen, zehn Fuß langen über die Bühne hopste, ihm beim Laden seiner Musketen behilflich zu sein und so weiter. Das war mein »erstes Auftreten auf einer Bühne«.

Der Beifall, mit dem jedes der Kunststücke des Italieners bedacht wurde, war überwältigend. Der Unternehmer Dinneford war entzückt, und ehe wir noch die Bühne verließen, engagierte er Vivalla für eine Woche. Nach dem Schluß seiner Vorstellung wurde Vivalla herausgerufen, und da ich es für unklug hielt, ihn im Englischen sich versuchen zu lassen – obgleich er es recht gut gekonnt hätte, da er mehrere Jahre in England gereist war –, ging ich mit ihm an die Rampe und redete die Zuschauer in seinem Namen an, indem ich ihnen für den Beifall dankte und sein Auftreten für den Rest der Woche anzeigte.

Zu derselben Zeit stellte ich in der großen Halle, welche die Verbindung von Bowery- und Divisionsstraße bildete, Joice Heth zur Schau, überließ dieselbe aber Lyman, als ich sah, daß Vivallas Aussichten glänzend waren und sein Erfolg zum großen Teil von der richtigen Leitung abhinge. Nach einigen Wochen begab sich Lyman mit Joice nach mehreren Städten in Connecticut und anderen Staaten. Vivalla blieb eine zweite Woche im Franklin-Theater, was mir einhundertfünfzig Dollar einbrachte; bald darauf erhielt ich in Boston für eine Woche seines Auftretens dieselbe Summe. Dann gingen wir nach Washington, wo ich ein Engagement mit Wemyß abgeschlossen hatte, das hinsichtlich der Einnahmen äußerst vorteilhaft für mich war.

Das Theater in Washington war in einer kleinen, ziemlich ungünstig gelegenen Ausstellungshalle untergebracht. Wir eröffneten am 16. Januar 1836 mit einer Einnahme von nicht einmal dreißig Dollar. Das war ein harter Anfang, denn der Kontrakt erforderte fünfzig Dollar, ehe ich nur einen Cent erhielt.

Während Vivallas Auftreten in Washington herrschte immerzu Schneewetter. Ich hatte dadurch unerwartete geschäftliche Verluste, so daß ich nicht über genug Mittel verfügte, um nach Philadelphia zurückzugehen. Nach langem Zögern und mit einem Gefühl tiefer Niedergeschlagenheit und Demütigung versetzte ich meine Uhr samt Kette für fünfunddreißig Dollar mit dem Versprechen, sie in einem Monat wieder auszulösen. Glücklicherweise kam Herr Wemyß am Samstagmorgen an. Er lieh mir fünfunddreißig Dollar, und ich hatte meine Uhr wieder.

Vivalla und ich gingen nach Philadelphia und eröffneten in Walnutstraße am 26. bei schwach besetztem Hause. Signor Vivallas Vorstellungen wurden anfänglich gut aufgenommen. Am zweiten Abend jedoch hörte ich zwei oder drei deutliche Pfiffe aus dem Parterre. Es war das erstemal, daß meinem Günstling ein Zeichen der Mißbilligung zuteil wurde. Ich war sehr überrascht. Vivalla, der unter meiner Führung stolz auf seinen Beruf geworden war, machte einen ganz verstörten Eindruck. Ich begab mich daher nach jener Stelle des Saales, von wo das Pfeifen kam, und entdeckte, daß es von einem Zirkuskünstler namens Roberts und seinen Freunden herrührte. Roberts war ein

Seiltänzer und Taschenspieler, und er behauptete, daß er alles, was Vivalla machte, auch könnte. Ich war sicher, daß er es nicht konnte, und sagte es ihm. Es kam zu einem heftigen Wortwechsel. Ich ging sogleich in das Büro, wo ich mehrere Abschriften einer kurzen Zeitungsnotiz für die Rubrik »Eingesandt« anfertigte. Nachdem ich in den Druckereien verschiedener Zeitungen gewesen und über enge Stiegen geklettert und durch halsbrecherische finstere Gassen gestolpert war, sorgte ich dafür, daß diese Notiz in den nächsten Morgenausgaben erschien. Das »Eingesandt« war überschrieben: »Tausend Dollar Belohnung.« Es wurde darin erklärt, daß Signor Vivalla bereit sei, die obige Summe jedermann zu zahlen, der öffentlich dieselben Kunststücke wie er an einem Platz, den Vivalla bezeichnen würde, auszuführen vermöchte.

Roberts schickte anderntags ein »Eingesandt«, indem er Vivallas Anerbieten annahm, ihn auffordernd, die tausend Dollar zu deponieren, Zeit und Ort der Darbietung zu nennen, wobei er angab, daß man ihn in einem gewissen Hotel nahe Greens Zirkus, von dem er ein Mitglied sei, treffen könnte. Ich lieh mir eintausend Dollar von meinem Freund Oliver Taylor, kam zu Herrn Warren, dem Kassierer von Walnut, und fragte ihn, was für einen Gewinn an der Einnahme er mir zugestehen würde, wenn ich einen Andrang hervorriefe, der pro Abend vier- bis fünfhundert Dollar einbrächte. Die ganze Einnahme den Abend vorher betrug nur fünfundsiebzig Dollar. Er erwiderte, daß er mir ein Drittel der Bruttoeinnahme geben wolle. Ich sagte ihm, daß mir eine Idee gekommen wäre, und ich würde ihn in einer Stunde wissen lassen, ob dieselbe ausführbar sei. Ich besuchte nun Roberts und zeigte ihm die tausend Dollar. »Wohlan«, sagte ich, »ich bin bereit, dieses Geld in verantwortliche Hände niederzulegen, damit es an Sie gezahlt werde, wenn Sie Signor Vivallas Kunststücke zustande bringen.«

»Sehr wohl«, sagte Roberts mit beträchtlicher Anmaßung;

»legen Sie das Geld in die Hände Herrn Greens, des Zirkusinhabers.«

Ich willigte ein.

»Nun aber wünsche ich, daß Sie diese Zeilen unterzeichnen, welche bestimmt sind, morgen in den Programmzetteln und in den Zeitungen bekanntgemacht zu werden.« Er las sie durch. Darin wurde erklärt, daß Signor Vivalla tausend Dollar in eine von ihm als rechtlich angesehene Hand deponiert hätte; wenn es gelänge, ihm seine Kunststücke nachzumachen und Roberts am Abend des 30. dieses Monats den Wettstreit auf der Bühne vom Walnutstreet-Theater bestehen würde, sollte letzterem diese Summe zufallen.

»Sie hoffen doch nicht etwa, daß ich sämtliche Kunststückchen Vivallas vollbringe, wie?« sagte Roberts, nachdem er alles gelesen hatte.

»Nein, ich hoffe nicht, daß Sie dazu imstande sind; wenn es Ihnen aber nicht gelingt, so gewinnen Sie natürlich nicht die tausend Dollar«, erwiderte ich.

»So, ich verstehe nichts vom Stelzengehen und bin kein Narr, meinen Hals damit zu riskieren«, sagte Roberts.

Mehrere Personen, Zirkusreiter und andere, hatten sich um uns versammelt und nahmen an unserm Gespräch lebhaften Anteil. Meine tausend Dollar lagen noch in meiner geöffneten Hand. Ich sah, daß Roberts Lust hatte auszureißen, und da sich das mit meinem Plan nicht reimte, so bemerkte ich, daß wir ohne Einmischung dritter Personen unser Geschäft abmachen könnten und daß ich ihn lieber allein spräche. Er führte mich in sein Zimmer hinauf. Nachdem ich die Tür verriegelt hatte, redete ich folgendermaßen auf ihn ein:

»Nun, Roberts, Sie teilen dem Publikum in diesen Zeilen mit, daß Sie Vivallas Herausforderung annehmen. Worin besteht diese? Daß er tausend Dollar demjenigen zahlen wolle, der ihm seine Kunststücke nachmache. Nun mögen Sie wohl einen oder zwei Teller so leicht drehen wie Vivalla, aber Vivalla dreht zehn auf einmal, und ich zweifle, ob Sie das tun können – wenn nicht, so verlieren Sie die Wette. Sodann gestehen Sie ein, nicht mit Stelzen umgehen zu können. Sie verstehen also seine Kunststücke nicht und werden schwerlich die tausend Dollar bekommen.«

»Aber ich kann Kugeln werfen und Kunststücke ausführen, die Vivalla nicht kann«, sagte Roberts.

»Ich zweifle nicht daran«, erwiderte ich, »aber das hat mit Vivallas Anerbieten nichts zu tun.«

»Ach, ich sehe«, meinte Roberts großsprecherisch, »Sie haben einen Yankeewitz gemacht, um sich zu helfen, und ein Loch gelassen, wo Sie hinauskriechen.«

»Durchaus nicht, Herr Roberts. Ich habe ein festes Versprechen gegeben und bin bereit, es zu erfüllen. Werden Sie nicht böse und ärgerlich, denn Sie sollen in mir nicht Ihren Feind, sondern Ihren Freund kennenlernen.«

Ich fragte ihn hierauf, ob er bei Herrn Green beschäftigt wäre.

»Zur Zeit nicht«, erwiderte er, »denn der Zirkus ist geschlossen.«

»Also«, fuhr ich fort, »es steht fest, daß Sie die tausend Dollar nicht gewinnen können. Ich möchte Sie nicht dazu verführen, einen Versuch zu machen, aber ich will Ihnen dreißig Dollar geben, wenn Sie unter meiner Leitung einen Abend im Walnutstreet-Theater auftreten wollen, und werde Ihre Vorschläge respektieren.«

Er willigte ein, und ich ersuchte ihn, den Zettel zu unterschreiben und sich deshalb keine Sorgen zu machen. Er unterzeichnete, und ich ließ den Text abdrucken, nachdem ich zuvor mit dem Rechnungsführer vom Walnutstreet-Theater vereinbart hatte, daß ein Drittel der Bruttoeinnahme mir zustehen würde, vorausgesetzt, daß an diesem Abend vierhundert Dollar eingingen.

Am andern Tag brachte ich Roberts und Vivalla privatim zusammen. Bald hatten sie heraus, welche Stücke jeder von ihnen verrichten konnte, worauf wir bestimmten, in welcher Art der Wettstreit stattfinden und wie er enden sollte.

Mittlerweile steigerte sich die Spannung über den bevorstehenden Probekampf zusehends. Geeignete Notizen erschienen in den Zeitungen, prahlend, daß Roberts ein Amerikaner wäre und den Fremden glorreich aus dem Felde schlagen würde. Roberts kündigte seinerseits an, daß er, für den Fall, er erhielte die tausend Dollar, einen Teil davon für mildtätige Zwecke verwenden wollte. Ich hielt die Presse wacker in Atem mit Flugzetteln, Notizen und so weiter, und ehe der Sonnabend da war, hatte die Aufregung den Fiebergrad erreicht. Ich wußte, daß ein überfülltes Haus soviel wie ein durchschlagender Erfolg wäre.

Ich wurde nicht enttäuscht. Das Parterre und die oberen Logen waren zum Ersticken voll, und in der Tat mußte der Verkauf der Billetts für diese Plätze eingestellt werden, weil niemand mehr unterzubringen war. Der mittlere Rang war nicht so besetzt, obgleich sich dort mehr Leute befanden als an irgendeinem anderen Abend während der letzten zwei bis drei Monate.

Der Wettstreit war sehr interessant. Roberts wurde natürlich geschlagen, und es ward ausgemacht, daß Vivalla zuerst seine leichtesten Kunststücke vorbringen sollte, damit der Kampf so lange als möglich dauere. Roberts führte nacheinander die Kunststücke Vivallas aus. Jeder wurde fortwährend von seinen betreffenden Freunden beklatscht und von den Gegnern ausgepfiffen. Zuweilen hörte man von Roberts Freunden aus dem Parterre: »Roberts, schlage den kleinen Franzmann!« – »Ein Yankee ist viel zuviel auf zwei Franzosen« und so weiter. Der Kampf dauerte ungefähr vierzig Minuten, als Roberts hervortrat und sich als geschlagen bekannte. Er war genötigt, auf das Tanzenlassen zweier Teller auf einmal mit jeder Hand zu verzichten. Seine Freunde ermunterten ihn, es zu versuchen, als er es aber abschlug, forderten sie ihn auf, seine eigenen Kunststücke – Taschenspielereien, Kugelwerfen und so weiter – zu zeigen. Er tat es, und seine Vorstellung, die über zwanzig Minuten währte, fand viel Beifall.

Sobald der Vorhang gefallen war, wurden die beiden Rivalen herausgerufen. Noch ehe sie vortraten, hatte ich mit Roberts ein besonderes Abkommen für einen Monat getroffen, wonach er einzig und allein nach meinen Anweisungen auftreten solle. Als er vor den Vorhang trat, unterrichtete er die Zuschauer davon, daß sein Handgelenk gelähmt sei, was wirklich der Fall war. Sodann sagte er, daß er eine weit größere Anzahl der verschiedenartigsten Kunststücke vorzuführen imstande wäre als Vivalla und daß er Vivalla zu beliebiger Zeit und an beliebigem Ort zu einem Wettstreit herausfordere, und zwar soll es hierbei um fünfhundert Dollar gehen.

»Ich nehme die Herausforderung an«, sagte Vivalla, der an Roberts Seite stand, »und bestimme dazu nächsten Dienstagabend in diesem Theater.«

»Bravo!« riefen Vivallas Freunde ebenso kräftig, wie vorher Roberts Freunde bravo geschrien hatten.

Das enthusiasmierte Publikum brachte ein dreifaches Hoch aus, und die Antagonisten entfernten sich nach verschiedenen Seiten, wütende Blicke aufeinander werfend. Bevor der Beifall aufhörte, kamen Roberts und Vivalla hinter der Bühne aufeinander zu, schüttelten sich die Hände und brachen in ein herzliches Gelächter aus.

Die Einnahme betrug an jenem Abend 593,25 Dollar, wovon ich ein Drittel bekam – 197,75 Dollar.

Der Wettstreit am Dienstagabend war fast ebenso gewinnbringend, und auch Wettkämpfe ähnlicher Art, wie in Dinnefords Franklin-Theater zu New York und anderen Etablissements, die ich im Verlauf von Roberts Monatsengagement veranstaltete, brachten mir reiche Einnahmen.

In der Zwischenzeit war die arme alte Joice krank geworden

und mit ihrer Pflegerin, einer treuen, in Boston gemieteten Farbigen, in meines Bruders Haus nach Bethel übergesiedelt, wo sie die beste ärztliche Hilfe und Pflege genoß.

Am 22. Februar 1836 hielt meines Bruders Pferdeschlitten vor der Tür meines Kosthauses in New York. Der Kutscher übergab mir einen Brief von meinem Bruder Philo mit der Anzeige, Tante Joice sei nicht mehr. Sie starb Freitag nacht, den 19., in seinem Hause.

Mein Italiener Signor Vivalla trat weiterhin unter meiner Regie
in verschiedenen Theatern und Zirkussen wie auch in Peales
Museum in New York auf. Ich sandte ihn ferner nach Danbury,
Bridgeport, New Haven, Norwalk und sonstigen Plätzen Connecticuts, ebenso nach Newark, Elisabethtown, Rahway und
New Brunswick in New Jersey, wo ich in der Regel nur geringen Erfolg hatte, da die Ausgaben, Erlaubnisscheine und so
weiter oft die Einnahme überstiegen.

Im April 1836 traf ich ein Übereinkommen mit Aron
Turner, einem Zirkuseigentümer, Vater der berühmten Reiter
N. B. und T. V. Turner, in seinem umherreisenden Zirkus meinen Italiener für den künftigen Sommer aufzunehmen. Vivalla
wurde ein monatliches Gehalt von fünfzig Dollar zugestanden
und der halbe Reinertrag zweier Benefizvorstellungen, während ich dreißig Dollar monatlich erhielt; außerdem wurden
mir im Hinblick auf Vivallas und meine eigenen Verdienste ein
Fünftel des Reingewinnes der Zirkusgesellschaft garantiert. Zu
jener Zeit zahlte ich Vivalla monatlich achtzig Dollar, so daß
sein und mein nominelles Gehalt zusammen meine Auslagen
deckten und nur also die mir zustehenden zwanzig Prozent des
Reingewinns ungekürzt zufließen würden. Ich sollte als Billettverkäufer, Sekretär und Schatzmeister fungieren. Herr Turner war ein alter Raritätenschausteller. Mir waren ein umher-
reisender Zirkus und die Vorstellungen im Zelt etwas ganz
Neues. Ich schickte meine Frau und meine kleine Tochter
Karoline nach Bethel, wo sie sich in unserm Haus mit dem gelben Laden einquartierten.

Am Dienstag, dem 26. April, trat unser Zirkus mit all seinen Wagen, Kutschen, Zelten, Pferden, Ponys, einer Musikkapelle und ungefähr fünfunddreißig Männern und Knaben seine Reise nach West-Springfield, Massachusetts, an, wo wir am Donnerstag die erste Vorstellung geben sollten. Statt unterwegs haltzumachen, um, wie ich dachte, ein Mittagessen einzunehmen, betrat Herr Turner am ersten Reisetag ganz einfach auf einen Augenblick ein Farmerhaus und kaufte dort drei Laib Roggenbrot und ein Pfund Butter; dann lieh er sich ein Messer von der Frau des Farmers, schnitt das Brot in Scheiben, bestrich diese dünn mit Butter und gab jedem von uns eine davon. Brot und Butter waren bald konsumiert; Turner zahlte der Frau fünfzig Cent, befahl seinen Leuten, den Pferden Wasser zu geben, und so setzten wir unsere Reise fort, nachdem wir weniger als zwölf Minuten verweilt hatten.

Ich hielt das für ein allzu karges Mahl, und mein kleiner Italiener begann zu murren. Ich beruhigte ihn mit der Versicherung, daß wir es sicher besser haben würden, sobald wir erst einmal eine Vorstellung gegeben hätten. Die Gelegenheit, diese Prophezeiung auf die Probe zu stellen, bot sich in West-Springfield, wo wir am 28. ankamen und unsere Vorstellungen für die Saison eröffneten.

Unsere von Providence erwartete Musikkapelle war nicht eingetroffen, und auf die Bitten Turners hin richtete ich vor den Vorstellungen eine kleine Rede ans Publikum des Inhalts, daß wir trotz fehlender Musik nichtsdestoweniger entschlossen seien, unsere werten Gäste auf das trefflichste zu unterhalten.

Die beiden jungen Turner ritten hervorragend. Joe Pentland, der Clown, war und ist noch einer der witzigsten, originellsten und anständigsten Vertreter seines Genres im ganzen Lande. Er ersetzte die fehlende Musik fast vollständig; hinzu kamen noch Vivallas Darbietungen und manch andere Kunststückchen, so daß der nur kleine Zuschauerkreis voll und ganz befriedigt war. Unsere Musik traf einige Tage später ein. An jedem Werktage gaben wir eine oder zwei Vorstellungen; dieselben wurden besser besucht, je mehr die Saison vorrückte. Wir traten in vielen Städten, Dörfern und Weilern New Englands, New Yorks, New Jerseys, Pennsylvaniens, Delawares, Marylands, Distrikt Columbias, Virginiens und Nord-Carolinas auf, und mein Tagebuch weiß von vielen Zwischenfällen auf unserer Tour zu erzählen. Hier kann ich nur von einigen berichten.

Im Hotel zu Cabotville, Massachusetts, schliefen T. V. Turner, ich und noch zwei andere Zirkusleute in einem Zimmer. Beim Schlafengehen warf einer meiner Zimmergenossen einen Zigarrenstummel in einen mit Sägespänen gefüllten Spucknapf. Unglücklicherweise brannte die Zigarre noch, und die Sägespäne faßten bald Feuer. Turner erwachte ungefähr um ein Uhr, und das Zimmer war in dichten Rauch gehüllt. Als er versuchte, das Fenster zu erreichen, fiel er halb ohnmächtig zu Boden, raffte sich aber wieder auf, kroch mit letzter Kraft zum Fenster und stieß es auf. Schleunigst weckte er uns, und wir torkelten wie Betrunkene umher. Ein Glück, daß der Brand noch rechtzeitig entdeckt wurde, sonst wären wir alle in Kürze erstickt.

Wie es meine Gewohnheit war, besuchte ich am Sabbat die Kirche in Lenox, Massachusetts. Der Pfarrer benutzte die Gelegenheit, um gegen unseren Zirkus zu wettern; er sagte, alle Leute, welche mit Zirkus zu tun hätten, wären unmoralisch und so weiter, kurz, er schmähte uns derart, daß ich ihn schriftlich bat, er möchte mir erlauben, ihm darauf zu antworten; zugleich ersuchte ich ihn, daß er dies doch von der Kanzel herab verkünden möchte. Ich unterzeichnete noch »P. T. Barnum, mit dem Zirkus in Verbindung stehend, 5. Juni 1836«, und sobald er den Schlußpsalm verlesen hatte, begab ich mich auf die Kanzel, ihm das Gesuch zu übergeben. Er weigerte sich, Notiz davon zu nehmen; kaum war jedoch der Segen gesprochen, so sagte ich ihm tüchtig die Meinung: da er uns die Möglichkeit verweigerte, unseren Stand zu verteidigen, wäre er nichts als ein übler Verleumder.

Dieser Vorfall verursachte große Aufregung im Dorfe. Verschiedene Kirchenmitglieder entschuldigten sich wegen des Benehmens ihres Geistlichen. Sie sagten, sie hätten ihm erst neulich wegen einer Prüfung in der Dorfschule die Leviten gelesen, und tadelten ihn wegen seines Verhaltens gegenüber dem Zirkus; sie hofften, daß ich die Kirche nicht für das schlechte Betragen ihres Priesters verantwortlich machen würde. Eine ähnliche Szene ereignete sich bald darauf in Port Deposit, am unteren Susquehanna, obzwar ich in diesem Falle darauf bestand, mich gegen den persönlichen Angriff in einer Ansprache an die Gemeinde zu verteidigen. Ich redete eine halbe Stunde lang, und die Leute hörten mir aufmerksam zu, trotz des Geistlichen, der sie zu verschiedenen Malen aufforderte, sich zu zerstreuen. Ich hielt mich in der Tat hierzu für berechtigt. Gar oft hatte ich die Zirkusgesellschaft am Sabbat versammelt, um ihr die Bibel oder irgendeine gedruckte Predigt vorzulesen; auch hatte ich des öfteren so manchen aus der Truppe veranlaßt, mich zum Gottesdienst in den an unserer Reiseroute gelegenen Städten und Dörfern zu begleiten.

Aron Turner, der Eigentümer des Zirkus, war ein Original; ein guter Beurteiler der menschlichen Natur, ein Mann, aus dessen Belehrung man viel Nutzen ziehen konnte. Er war dazu ein trefflicher Witzbold. Durch unermüdlichen Fleiß scharrte er ein bedeutendes Vermögen zusammen und war nicht wenig stolz darauf, aller Welt erzählen zu können, daß er ohne einen Schilling ins Leben getreten war. Ich hörte ihn häufig sagen: »Jeder Mann, von guter Gesundheit und mit Mutterwitz begabt, ist imstande, sein Glück zu machen, wenn er es nur will. Als Beweis dafür seht auf mich. Wer bin ich? Ich weiß nicht, wer ich bin oder woher ich komme. Ich kannte weder meinen Vater noch meine Mutter; auf jeden Fall muß ich der niedrigsten Stufe der Gesellschaft entstammen. Ich habe keinerlei

Erziehung genossen; meine Karriere begann ich als Schuhmacher. Die ersten Kenntnisse im Leben eignete ich mir im achtzehnten Lebensjahr an, und was das Schreiben betrifft, nun, die Art und Weise, wie ich's erlernte, war die, daß ich meinen Namen unter Schuldscheine setzte. Anfangs machte ich bloß drei Kreuzchen, aber da ich ein armer Teufel war, so hatte ich oft Gelegenheit, einen solchen Schein zu unterzeichnen, so daß ich schließlich meinen Namen schreiben lernte, und so bin ich allmählich weitergekommen. Ihr seht, wer ich geworden bin. Fleiß, Beharrlichkeit und Sparsamkeit haben mich dahin gebracht; und jedermann kann reich werden, wenn er nur will. Es gibt in der englischen Sprache kein Wort für ›Nichtkönnen‹. Saget nie, daß ihr eine Sache nicht tun könnt, und ruft nie ›aussichtslos‹, bis ihr tot seid.«

Während ich in Annapolis, Maryland, war, spielte Turner mir einen Streich, den ich ihm nie vergessen werde. Wir kamen dort an einem Samstagabend an. Wir hatten ein sehr einträgliches Geschäft gemacht; ich fühlte mich recht wohlhabend und ging noch an demselben Abend aus, um mir einen feinen schwarzen Anzug zu kaufen. Wir waren alle fremd in der Stadt. Am Sonntagmorgen kleidete ich mich, stolz auf den schwarzen Anzug, an und begann in der Stadt herumzustrolchen. Ich ging durch die Wirtsstube des Hotels. Es waren ungefähr zwanzig Personen dort, unter denen sich Turner befand, der inzwischen ihre Bekanntschaft gemacht hatte. Nachdem ich hinausgegangen war, deutete Turner auf mich und bemerkte: »Ich finde es sehr sonderbar, daß ihr diesem Schurken erlaubt, am hellichten Tage durch eure Straßen zu gehen. In Rhode Island würde das nicht geduldet werden, und ich vermute, dies ist der Grund, daß der schwarzröckige Schurke hierhergekommen ist.«

»Was, wer ist er?« riefen ein halbes Dutzend Leute zu gleicher Zeit.

»Wißt ihr das nicht? Nun, das ist der Reverend G. K. Avery, der Mörder von Fräulein Cornell«, antwortete Turner.

»Ist es möglich?« riefen sie aus, indem sie alle an die Türe liefen, begierig, einen Blick auf mich zu werfen, und Rache schnaubend gegen den heuchlerischen Priester.

Der damals gerade verübte Mord an Fräulein Cornell in Rhode Island, die Auffindung ihres Leichnams in einem Holzstalle und die Untersuchung gegen den Pfarrer Ephraim K. Avery als den Täter hatte ungewöhnliches Aufsehen erregt. Die bedeutendsten Methodisten verteidigten vergeblich den Angeklagten. Die öffentliche Meinung verdammte ihn, und obgleich gesetzlich freigesprochen, fiel er doch der Verachtung und Vergessenheit anheim.

Nachdem Turner die Lawine ins Rollen gebracht hatte, ließ er sich gemütlich nieder, während alle Gäste aus dem Wirtszimmer stürzten, um mich zu verfolgen. Ich war um eine Straßenecke gebogen und schlenderte, arglos und auf meinen schönen Anzug eitel, auf dem Trottoir dahin, als ich von mehr als einem Dutzend Leuten überholt wurde, zu denen sich noch immer neue gesellten. Als sie an mir vorbei waren, bemerkte ich, daß jeder sich umschaute und mich mit scheinbarer Verwunderung anstarrte. Ich begann, noch stolzer auf meinen schwarzen Anzug zu werden, meinte ich doch, daß dieser all die Aufmerksamkeit erregte. Ich erwachte aber bald aus dieser schönen Illusion. Die etwa fünf bis zehn Schritt von mir entfernten Männer blieben plötzlich stehen und warteten, bis ich herankam. Im Vorbeigehen hörte ich verschiedene Bemerkungen, wie etwa »Dieser lüsterne alte Heuchler!«, »Dieser selbstgerechte Mörder!«, »Dieser schwarzröckige Schuft, wir wollen ihn teeren und federn!«, »Lyncht den Schuft!« und anderes mehr. Ich ging weiter, nicht ahnend, daß diese Bemerkungen möglicherweise Bezug auf mich haben könnten. Das dicke Ende ließ jedoch nicht auf sich warten. Der jetzt auf mindestens hundert Menschen angewachsene Haufe überholte mich, als ich aufs neue um eine Ecke bog, und ein Kerl packte mich am Kragen, während fünf oder sechs andere mit einem Pfahl anrückten.

»Komm, alter Lump«, sagte der Mann, der mich am Kragen gepackt hatte, »bis hierher und nicht weiter. Wir wissen, wer du bist, nun sollst du auf diesem Pfahl das Reiten lernen.«

Man kann sich mein Erstaunen denken, »Guter Gott«, rief ich aus, als sie sich alle um mich drängten, »was habe ich denn getan, meine Herren?«

»Oh, wir kennen dich«, schrie ein halbes Dutzend Stimmen, »du brauchst deine heuchlerischen Augen nicht zu verdrehen; dies Spiel gilt hierzulande nicht! Komm, setze dich auf den Pfahl und denke an den Holzstall.«

Ich wurde von Minute zu Minute verwirrter. Alles schien mir wie ein Traum, ich konnte mir nicht denken, für welches Vergehen ich bestraft werden sollte, und rief wiederholt: »Meine Herren, was habe ich denn getan? Töten Sie mich nicht, und sagen Sie mir wenigstens, was ich getan habe.«

»Kommt, laßt ihn auf dem Pfahl reiten; wir wollen ihm zeigen, wie man arme Fabrikmädchen hängt«, rief ein junger Bursche aus dem Haufen heraus.

Der Mann, der mich am Kragen hielt, versetzte dann: »Komm nur, Avery, es hilft nichts mehr. Du siehst, wir kennen dich und wollen dir eine Probe vom Lynchgesetz geben und dich dann wieder nach Hause schicken.«

»Ich heiße nicht Avery, meine Herren, Sie irren sich«, rief ich.

»Nichts da, wir kennen deine Kniffe; setze dich auf den Pfosten, Ephraim«, sagte der Mann, der mich noch immer am Kragen hielt.

Der Pfahl wurde so niedrig gehalten, daß ich ohne große Schwierigkeit darauf gesetzt werden konnte. Sie wollten mich gerade dieser Prozedur unterziehen, als mir ein Licht aufging.

»Meine Herren«, rief ich aus, »ich bin nicht Avery. Ich verabscheue jenen Nichtswürdigen genausosehr wie Sie. Mein Name ist Barnum. Ich gehöre zu dem Zirkus, der gestern abend hier ankam, und bin überzeugt, daß mein Associé, der alte Turner, Ihnen diesen Bären aufgebunden hat.«

»Wenn er das tat, so wollen wir ihn lynchen«, schrie einer aus der Meute.

»Ja, er hat es getan, das kann ich Ihnen versichern«, entgegnete ich. »Gehen Sie nur mit mir zum Hotel, und ich will es Ihnen beweisen.«

Diesem Vorschlag gaben sie widerstrebend nach, aber sie hielten mich noch immer fest. Als wir die Hauptstraße hinaufgingen, in der das neue Rathaus liegt, erhielt der Pöbel noch eine Verstärkung von fünfzig bis sechzig Personen, in deren Mitte ich wie ein Missetäter zum Hotel zog. Der alte Turner stand auf dem Platz und brach bei meinem Anblick in ein Gelächter aus. Ich wandte mich an ihn, er sollte die Sache um Himmels willen aufklären, damit man mich losließe. Aber er fuhr fort zu lachen und sagte endlich, daß hier ein Mißverständnis vorliegen müßte.

»Die Sache ist die«, versetzte er, »da mein Freund Barnum einen neuen schwarzen Anzug anhat und er darin fast wie ein Priester aussieht, meinte ich, es müßte Avery sein.«

Der Volkshaufe erkannte, daß man sich mit ihm einen Scherz erlaubt hatte. Einige entschuldigten sich wegen der rauhen Art, mit der sie mit mir umgesprungen waren, denn sie hatten mir den Rock halb vom Leibe gerissen und mich selbst im Straßenkot herumgeschleift. Andere wiederum meinten, daß man den alten Turner statt meiner auf dem Pfahl reiten lassen sollte. Die Mehrzahl der Anwesenden brach jedoch in ein schallendes Gelächter aus, erklärte die Sache für einen guten Spaß, riet mir, auf der Hut zu sein und es meinem Kompagnon bei nächster Gelegenheit wieder heimzuzahlen. Ich war äußerst erbittert, und als die Menge sich zerstreut hatte, fragte ich den alten Turner, was um alles auf der Welt ihn bewogen haben konnte, mir einen so gemeinen Streich zu spielen.

»Mein lieber Barnum«, sagte er, »es war zu unser aller Bestem. Bedenken Sie, daß wir, um Erfolg zu haben, vor allem bekannt sein müssen. Sie werden sehen, daß dieser Spaß, den ein

Zirkusbesitzer dem andern gespielt hat, in der ganzen Stadt ausposaunt werden und unser Zelt morgen abend überfüllt sein wird.«

Dies war auch der Fall. Jedermann sprach von dem Spaß. Wir wurden bald mit der ganzen Stadt bekannt und hatten während unseres Aufenthaltes ungeheuern Zulauf. Dieser Umstand konnte mich aber nicht bewegen, dem alten Turner zu vergeben, denn ich wußte sehr gut, daß sein Eigennutz eine große Rolle bei diesem Streich gespielt und daß er ihn auf meine Kosten bedenkenlos ausgeführt hatte.

Ein ganz besonderer Vorfall trug sich im »Hannover Court House« in Virginien zu. Infolge heftigen Regens konnten wir dort keine Vorstellungen geben und beschlossen, unmittelbar nach dem Mittagessen nach Richmond abzureisen. Der Wirt sagte uns indessen, da unser Agent drei Mahlzeiten und ein Nachtlager für die Gesellschaft bestellt hätte, würde unsere Rechnung ganz dieselbe sein, ob wir heute oder morgen nach dem Frühstück abreisten. Wir verwahrten uns dagegen und erboten uns, das Mittagsmahl und einen Teil der Rechnung extra zu zahlen, um ihn für seine Anschaffungen zu entschädigen; allein der Wirt weigerte sich hartnäckig, ein Jota von seiner Forderung nachzulassen.

Es war elf Uhr vormittags. Herr Turner war sehr ungehalten über das unbillige Verlangen des Wirtes und sagte ihm, es würde uns sehr angenehm sein, wenn wir sofort nach Richmond abreisen könnten.

»Ich hindere Sie nicht daran«, entgegnete der dickköpfige Wirt; »aber Sie müssen für Mittag- und Abendessen, für Logis und Frühstück bezahlen. Ich habe Ihren Aufträgen gemäß Anschaffungen gemacht und auch dafür zahlen müssen.«

»Wann können wir unsere Mahlzeiten haben?« fragte Turner.

»Sobald Sie wünschen«, lautete die Antwort.

»Ganz gut! Wir wollen das Mittagessen um zwölf Uhr und

das Abendbrot um halb ein Uhr haben. Wir werden dann um ein Uhr mittags zu Bett gehen und um halb zwei Uhr frühstücken«, sagte Turner.

Der Wirt war erstaunt ob dieser Wendung und der Art ihrer Ankündigung. »Wollen Sie dann nicht lieber die drei Mahlzeiten auf einmal?« fragte er.

»Nein«, entgegnete Turner. »Sie sollen anrichten und uns ein gutes Essen bereiten. Wir werden es dann essen. Darauf soll der Tisch hübsch abgenommen, mit neuen Gedecken besetzt und unser Abendessen aufgetragen werden. Um ein Uhr werden wir alles aufgegessen haben. Dann gehen wir zu Bett. Sie haben darauf zu achten, daß das Abendessen abgetragen, ein gutes Frühstück mit gutem Kaffee bereitet wird und daß es fertig ist, wenn wir um halb zwei Uhr aufstehen. Und, merken Sie sich's wohl, daß kein Gericht aufgewärmt oder als neues serviert wird. Wir würden das nicht dulden, denn wir zahlen für das Beste und wollen es auch haben.«

»Schon gut«, sagte der Wirt und ging, um für das Mittagessen zu sorgen. Ich folgte ihm und suchte von neuem eine Verständigung anzubahnen, aber er wollte von nichts dergleichen hören.

Punkt zwölf Uhr stand ein gutes Essen auf dem Tisch. Wir erwiesen ihm alle Ehre. Turner ließ dann die Tafel abräumen und das Abendessen auftragen. Das geschah Punkt halb eins, und auch hier taten wir redlich, was in unseren Kräften stand. Um ein Uhr war schon möglichst viel verschlungen. »Jetzt weisen Sie uns unsere Betten an«, sagte Turner und ließ jeden von uns mit einem brennenden Licht versehen. Der Wirt zeigte uns unsere Zimmer, und wir alle, sechsunddreißig an der Zahl, zogen uns aus und legten uns nieder. Vorher jedoch rief Turner dem Wirt oben von der Treppe aus zu: »Achten Sie wohl darauf, daß unser Frühstück fertig wird und in einer halben Stunde warm auf dem Tisch steht!«

Auf diesen Befehl erfolgte keine Antwort. Turner behielt

seinen Ernst bei, aber der Wirt auch. Beide waren böse und meinten es ernst; ich aber brach ob der Abgeschmacktheit der ganzen Komödie in ein unbändiges Gelächter aus. Die ganze Gesellschaft hatte ihren Spaß daran, aber wir sahen, daß der Wirt sich unbillig verhielt, und gehorchten deshalb nicht allein den Anordnungen Turners, sondern taten auch, was in unsern Kräften stand, um den Preis herauszuschinden. In einer halben Stunde standen wir wieder auf und waren angezogen; unser aller Betten sahen aus, als ob sie die ganze Nacht hindurch benutzt worden wären.

Darauf gingen wir alle zum Frühstück hinunter. Alles war auf das vorzüglichste gekocht und zubereitet, und wenn ein Fremder all die Speisen so schnell hätte verschwinden sehen, würde er sicher gedacht haben, wir hätten uns volle vierzehn Tage mit schmaler Kost begnügen müssen. Es war mir selbst ein Rätsel, wie wir uns bei jener Gelegenheit so voll hatten stopfen können. Ich habe meinen Vater Truthähne wochenlang stopfen sehen, ehe sie für den Danksagungstag auf die Tafel kamen, allein diese waren gar nichts im Vergleich zu der vollgestopften Zirkusgesellschaft.

Von dort gingen wir nach Richmond, wo wir uns mehrere Tage aufhielten. Von Richmond begaben wir uns nach Petersburg, von da nach Warrenton, Nordcarolina. Dort löste ich meinen Kontrakt mit Turner, konnte einen Reingewinn von zwölfhundert Dollar einstreichen und beschloß, auf eigene Rechnung auf Tournee zu gehen. Am 30. Oktober trat ich mit Vivalla, James Sandford, dem Negersänger und Tänzer, und mit mehreren Musikanten, Pferden, Wagen und einem kleinen Segeltuchzelt die Reise an, um mit dieser Truppe südlich bis Montgomery, Alabama, aufzutreten. Früh am Morgen zog meine kleine Gesellschaft los. Ich blieb noch eine halbe Stunde da, um die guten Wünsche meiner früheren Gefährten zu empfangen und zu erwidern, und hierauf brachte mich Herr Turner in seinem Wagen bis zu meiner Truppe. Da wir ungern voncinander schieden, so fuhren wir langsam und hatten zwanzig Meilen in angenehmer Unterhaltung verplaudert, ehe wir meine kleine Schar erreichten. Mein alter Freund wünschte mir den besten Erfolg und kehrte zu seiner Zirkusgesellschaft zurück. Ich kam mir mehrere Tage lang ganz verlassen vor, aber ich war so von Geschäften beansprucht, daß ich mich bald in meine neue Position fand.

Samstag, den 12. November 1836, machten wir bei einer Niederlassung halt, die unter dem Namen Rocky Mount Falls, Nordcarolina, bekannt ist. Am Sonntagmorgen besuchte ich die Baptistenkirche. Auf dem Weg vom Wirtshaus dorthin bemerkte ich in einem nahen Wäldchen eine Art Podium, von Bänken umgeben, und sagte zu dem Gastwirt, der mich begleitete: »Es ist heute ein sehr schöner Tag, und ich hätte Lust, von jener Stelle herab eine Rede zu halten.«

Der Einfall gefiel ihm. Er war gewiß, daß die Gemeinde, die zum größten Teil von sehr weit her zu dem Sonntagsgottesdienst kam, gern einen Fremden hören würde.

Vor dem Schluß der Morgenandacht ersuchte ich den ehrwürdigen Geistlichen zu verkündigen, daß ich nach beendigtem Gottesdienst eine halbe Stunde im Wäldchen zum Volke sprechen möchte. Er fragte mich, ob ich ein Geistlicher wäre, und da ich verneinend antwortete, fürchtete er, durch Erfüllung meines Wunsches Ärgernis zu erregen, hatte aber nichts dagegen, daß ich selbst darauf hinwies, was denn auch geschah. Die dreihundert Seelen starke Gemeinde suchte sogleich das Gehölz auf, wo ich mich auf das Podium begab.

Ich sprach über ein biblisches Thema, fast drei viertel Stunden lang. Als meine Rede beendet war, schüttelten mir mehrere Männer die Hand, drückten ihre Zufriedenheit aus und wünschten meinen Namen zu erfahren, den sie sich aufschrieben. Ich hatte keine hohe Meinung von meiner Leistung, war mir aber voller Freude gewiß, etwas Gutes in dem reizenden Wäldchen an jenem Sabbat verrichtet zu haben.

In Raleigh, Nordcarolina, verkaufte ich die Hälfte meiner Schau an einen Mann, den ich hier Henry nennen will. Er mag jetzt ein besserer Mensch geworden sein als damals, darum verschweige ich seinen Namen. Mit einer Partie Kleider unterwegs, war er die Woche zuvor zu uns gestoßen und kaufte schließlich den halben Anteil.

In Camden, Südcarolina, verließ mich der Neger Sandford plötzlich. Ich hatte Negerlieder angekündigt, kein einziger meiner Truppe verstand sich darauf. Entschlossen, das Publikum nicht zu enttäuschen, malte ich mich ganz schwarz an und sang die angezeigten Lieder, nämlich »Zip Coon«, »Gitten up stairs«, »The Racoon Hunt« oder »Sitting on a Rail«. Es war in der Tat ein kühnes Wagnis, aber die Zuhörer glaubten, der Sänger wäre Sandford, und beklatschten zu meinem Erstaunen mein Singen, ja nötigten mich, meine Lieder zu wiederholen.

In Camden wurde einer meiner Leute, ein Schotte namens Cochran, verhaftet, weil er dem farbigen Barbier, der ihn rasierte, gesagt hatte, er sollte nach den freien Staaten oder Kanada entfliehen. Er kam mehr als sechs Monate ins Gefängnis.

Eines Abends, nachdem ich meine Negerlieder gesungen und gerade meinen Rock in der Garderobe des Zeltes abgelegt hatte, hörte ich außerhalb des Zeltes einen fürchterlichen Lärm. Sofort begab ich mich hinaus und sah, daß jemand mit meinen Leuten in Streit geraten war; ich nahm für diese Partei und sagte dem Unbekannten meine Meinung offen. Er zog sogleich seine Pistole mit dem Ausruf: »Du schwarzer Halunke wagst eine solche Sprache gegen einen Weißen zu führen?« Und er war bereit, den Hahn abzudrücken. Ich merkte, daß er mich für einen Neger hielt und mir vielleicht im nächsten Augenblick den Kopf zerschmettern könnte. Im Nu streifte ich meine Ärmel hoch und rief: »Ich bin ebenso weiß wie Sie, mein Herr.« Er ließ sofort voll Angst seine Pistole sinken. Wahrscheinlich hatte er nie einen weißen Mann schwarz bemalt gesehen; jedenfalls bat er um Verzeihung, und ich ging mit dem Bewußtsein in die Garderobe zurück, nahe daran gewesen zu sein, mein Leben zu verlieren. Nichts rettete mich als meine Geistesgegenwart, die mich noch niemals verließ. Viermal hatte ich schon eine geladene Pistole auf mich gerichtet gesehen, und jedesmal entkam ich durch ein halbes Wunder.

Ich glaube aufrichtig, daß mich außer Gott vor dem Unglück, als Strolch und Vagabund zu leben und zu sterben, vor allem eines bewahrt hat: daß ich niemals ein Freund zu vielen Trinkens war. Gewiß, ich hatte seinerzeit auch den Branntwein nicht verschmäht und war sogar nicht selten berauscht gewesen, aber im allgemeinen enthielt ich mich des Genusses berauschender Getränke und bin glücklich, zu sagen, daß ich seit einer Reihe von Jahren ein Mäßigkeitsapostel geworden bin.

Während meiner Abwesenheit von der Heimat schrieb ich gewöhnlich zweimal in der Woche an meine Familie und erhielt fast ebensooft Briefe von meiner Frau. Gelegentlich meines Aufenthaltes in Columbia, Südcarolina, teilte sie mir als ein in Connecticut umlaufendes Gerücht mit, daß man mich in Kanada des Totschlags angeklagt und zur Verantwortung gezogen hätte und höchstwahrscheinlich zum Tode verurteilen würde. Die Geschichte rührte, wie ich glaube, daher, daß eine Zirkustruppe in Kanada mit einigen Rowdies in Streit geraten war. Turners Truppe konnte es nicht sein, denn wir begegneten ihr am 5. September 1836 in Columbia, Südcarolina. Sie löste sich übrigens bald auf. Ich kaufte vier Pferde und zwei Wagen aus ihrem Bestand und engagierte Joe Pentland und Robert White. Pentland, der ein berühmter Clown war, zeichnete sich zugleich als ein vorzüglicher Bauchredner, Balancierkünstler, komischer Sänger und Taschenspieler aus. White war ein Negersänger. Das befreite mich von meiner Negerliederrolle und machte mein Unternehmen, dessen Miteigentümer Henry war, sehr anziehend. Ich nannte es »Barnums großes gemeinnütziges und musikalisches Theater«.

Henry saß an der Kasse, und ich kontrollierte an der Tür die

Einlaßkarten. Während ich in dieser Eigenschaft in Augusta, Georgia, fungierte, wollte ein Mann hinein. Ich verlangte die Karte. Er murrte, und auf meine Frage: »Warum?« antwortete er: »Ich bin Sheriff.« Ich sagte ihm, daß ich nicht wüßte, weshalb ein Sheriff nicht ebensogut zahlen sollte wie jeder andere Sterbliche, worauf er erwiderte: »Sie täten besser daran, Herrn Henry danach zu fragen.« Darüber bestürzt, ließ ich ihn ein und eilte zu Henry, um zu hören, was das bedeute. Widerstrebend gestand er mir, daß der Sheriff einen Schuldschein gegen ihn in Höhe von fünfhundert Dollar besäße. Henry hatte sechshundert Dollar Geschäftsgelder in Verwahrung, und ich sah ein, daß etwas geschehen müßte, die Beschlagnahme dieser Gelder zu verhindern. Im geheimen begab ich mich zu einem Anwalt, verschaffte mir eine Bescheinigung, daß ich die gesamte Schau erworben hatte – nur noch Henrys Unterschrift fehlte –, und kam ins Theater zurück, wo inzwischen die Vorstellung angefangen hatte. Henrys Gläubiger erwartete mich mit seinem Anwalt. Sie verlangten den Schlüssel zum Stall, um Wagen und Pferde zu pfänden. Ich verweigerte ihnen zu willfahren, worauf sie mit Einbrechen der Tür und Beschlagnahme drohten. Ich bat sie um einige Minuten Geduld, bis ich mich mit Henry beraten hätte, und sie willigten ein. Henry hinterging gern seinen Gläubiger und unterzeichnete ohne weiteres die Bescheinigung. Für den Fall, daß der Sheriff ihn suchen würde, händigte er mir neunzig Dollar ein und behauptete, er hätte die fünfhundert Dollar an einem sicheren Platz deponiert, wo sie der Sheriff nicht finden könnte. Er blieb am Billettschalter, während ich zu dem Sheriff und dem Gläubiger ging und ihnen erklärte, daß Henry einen Vergleich sowie die Zahlung der Forderung abschlage. »So geben Sie die Schlüssel«, sagte der Sheriff. Ich verweigerte sie, und er drohte abermals, die Stalltür zu erbrechen. »Warum wollen Sie das tun?« fragte ich.

»Um Wagen und Pferde zu beschlagnahmen.«

»Warum wollen Sie diese beschlagnahmen?«

»Um eine Schuld, die Herr Henry hat, sicherzustellen.«

»Sie haben Wagen und Pferde noch nicht gepfändet?« sagte ich.

»Nein, noch nicht, werde es aber in den nächsten zehn Minuten tun«, erwiderte der Sheriff.

»So einfach geht's nicht«, sagte ich, indem ich ihm die von Herrn Henry unterschriebene Bescheinigung übergab. Er las sie. »Jetzt, meine Herren«, sagte ich, mich an den Sheriff und den Gläubiger wendend, »sehen Sie, daß ich der alleinige Besitzer all dieser Sachen bin. Sie erklären, daß Sie noch nichts gepfändet haben, und es geschieht also auf Ihre Gefahr, wenn Sie mein Eigentum antasten.«

Ich erinnere mich nicht, jemals zwei erstauntere Leute gesehen zu haben als diese Herren, da sie entdeckten, daß sie Opfer eines »Yankeewitzes« geworden waren.

Der Sheriff verhaftete sofort Henry und brachte ihn ins Gefängnis. Dies geschah Samstag nacht, am 17. Dezember. Ich flüsterte Henry zu, den Mut nicht zu verlieren; allerdings wäre es diese Nacht zu spät, eine Kaution für ihn zu stellen, aber am andern Morgen würde ich ihn aufsuchen.

Am nächsten Morgen erfuhr ich aus sicherer Quelle, daß Henry seinem Gläubiger eintausenddreihundert Dollar schuldete, daß er zugesagt hatte, ihm nach Beendigung der Samstagvorstellung fünfhundert Dollar – der Gesellschaft gehörend – bar zu übergeben sowie eine Bescheinigung, worin er ihm seinen Anteil an Wagen, Pferden und Inventar abtrat. Zur Belohnung hierfür sollte Henry eines der Pferde gezäumt und gesattelt erhalten, um sich aus dem Staube zu machen und mich sitzenzulassen.

Unter diesen Umständen konnte ich für Henrys Los wenig Teilnahme aufbringen. Mein ganzes Interesse konzentrierte sich darauf, die von ihm deponierten fünfhundert Dollar in Sicherheit zu bringen. Er hatte sie Vivalla gegeben, um sie vor dem Sheriff zu retten, und Vivalla gab sie auf Wunsch Henrys mir, um damit am Montagmorgen eine Kaution zu hinterlegen. Ich bezahlte hierauf dem Gläubiger den von Henry als Gesellschafteranteil von ihm erhaltenen Betrag, erhielt als Gegenleistung eine Garantie, daß ich niemals in dieser Hinsicht von meinem früheren Partner belästigt werden sollte, und wurde so durch meinen »glücklichen Stern« aus einer der schwierigsten Lagen meines Lebens befreit.

Mein »Tagebuch«, dem diese Episode wie vieles andere entnommen ist, enthält so manches, das ich hier nicht erwähne. Ein Abenteuer möchte ich jedoch nicht übergehen, welches ich als Pentlands Assistent bei seinen Taschenspielerkunststücken erlebt habe.

Sein Tisch hatte die gewöhnliche Falltüre, durch die ihm die zu seinen Zaubereien notwendigen Sachen zugereicht wurden. Der Raum darunter war für einen Mann von meinem Umfang entsetzlich eng, aber ich assistierte ihm stets, wenn das für diesen Behuf angestellte schmächtigere Mitglied einmal abwesend war. Mich hineinpressend, fand ich, daß meine Nase und meine Knie nahe daran waren, in enge Berührung miteinander zu kommen; obwohl ich mich von Herzen aus dieser Klemme herauswünschte, hielt ich nichtsdestoweniger ein lebendiges Eichhörnchen in meiner Hand, bereit, ihm eine Uhrkette um den Hals zu legen und es im Augenblick des Gebrauchs durch die Falltür hinauszureichen.

Alle zu Pentlands Gaukeleien notwendigen Gefäße, Tassen, Kugeln und übrigen Utensilien lagen auf dem Tisch. Zu einem verabredeten Zeitpunkt verlangte er nach einer Uhr mit goldener Kette. Einer der Zuschauer gab ihm dieselbe, und sie gelangte bald durch die Falltür am oberen Tischende, von einem Gefäß verdeckt, zu mir. Da ich mich ungeschickt anstellte, biß mich das Eichhorn mehrmals in die Hand. Ich schrie vor Schmerz auf, streckte erst meinen Hals, dann meinen Rücken, dann meine Beine heraus, werfe den Tisch um, zerschlage alle zerbrechlichen Sachen darauf und springe hinter den Vorhang.

Das Eichhörnchen lief mit der Uhr am Hals davon. Pentland stand starr und sprachlos da; aber noch nie hat man ein solches Gekreische und Gejauchze einer Zuschauermenge gehört wie an diesem Abend.

Auf dem Wege von Columbia in Georgia nach Montgomery in Alabama waren wir genötigt, achtzig Meilen durch einen sehr dünn bevölkerten und verlassenen Teil des Landes, bekannt als »Indianer-Territorium«, zu reisen. Die Regierung trieb damals die Indianer zusammen, indem sie dieselben zum Zwecke ihrer Aussiedelung nach Arkansas in verschiedene stark bewachte Lager verteilte. Der größere Teil der Indianer fügte sich gutwillig und war bereit, in die neue Heimat zu gehen; aber es gab viele, die feindselig waren und nicht mittaten, sondern die Sumpfgegend an der Straße von Columbia nach Montgomery unsicher machten und fast täglich Reisende, welche das »Indianer-Territorium« durchqueren mußten, umbrachten. Viele fanden es gewagt, ohne starke Bewaffnung die Straße zu passieren. Am Tag vor unserer Abreise war der Postwagen angefallen, die Reisenden waren ermordet und die Wagen verbrannt worden, während der Kutscher nur wie durch ein Wunder mit dem Leben davonkam. So wagten wir die Reise nicht ohne eine gewisse Furcht. Unsere größte Hoffnung war, daß unsere Truppe mit ihrer großen Anzahl von Leuten die in einzelne Banden zerstreuten Indianer von einem Angriff abhalten würde. Wir bewaffneten uns alle mit Flinten, Pistolen, Schlachtmessern und so weiter und traten die Reise an.

Es schämte sich keiner von uns, zu bekennen, daß wir alle etwas Angst hatten, ausgenommen Vivalla. Zweifellos war er die größte Memme unter uns; aber wie die meisten Leute dieser Art prahlte er, solange wir in Sicherheit waren, tat wichtig, machte sich über unsere Furcht lustig und schwor, daß er sich vor nichts in der Welt fürchte; selbst wenn er auf fünfzig Indianer stieße, so würde er »ihnen einen Teufelsschlag versetzen, der sie in kürzester Zeit in die Sümpfe zurücktriebe«. Der feige kleine Maulheld fiel uns sehr lästig, und wir beschlossen, wenn wir mit heiler Haut durchkämen, seinen Mut auf die Probe zu stellen.

Den ersten Tag reisten wir dreißig Meilen, ohne einen Indianer zu sehen, und machten vor Anbruch der Nacht am Haus eines Baumwollpflanzers halt, wo wir bis zum Morgen in Sicherheit waren. Tags darauf kamen wir nach Tuskeega, einem kleinen Flecken, wo ein Lager von fünfzehnhundert Indianern war, Weiber und Kinder inbegriffen. Den dritten Tag erreichten wir Mount Megs, wo sich ein anderes Indianerlager befand, das zweitausendfünfhundert Rothäute faßte.

Wir hatten noch vierzehn Meilen bis Montgomery und glaubten uns außer aller Gefahr. Da wir aber dem mutigen Vivalla einen Streich zu spielen gedachten, so sagten wir ihm am nächsten Morgen, daß wir jetzt den gefährlichsten Teil der Straße zu passieren hätten, welcher, wie man sage, von den entschlossensten feindlichen Kriegern unsicher gemacht würde. Wie immer gebärdete sich Vivalla überaus mutig. Er hoffe, er werde etliche der kupferroten Spitzbuben zu Gesicht bekommen, um ihnen Fersengeld zu geben. Als wir gegen sechs Meilen zurückgelegt hatten und bei einer unheimlich aussehenden, dicht bewaldeten Stelle angelangt waren, lief ein großes Fuchseichhörnchen über die Straße in das angrenzende Gehölz. Vivalla schlug vor, es zu verfolgen. Das war gerade, was wir wünschten; wir gaben den Eingeweihten einen Wink, und sie machten sich mit Vivalla auf die Verfolgung. Indessen zog Pentland einen alten Indianeranzug mit gefranstem Jagdhemd und Mokassins an, färbte sein Gesicht mit spanischem Rötel und eilte, seinen Kopf mit farbigen Federn geschmückt und seine Muskete über der Schulter, Vivalla und seinem Gefolge nach, so sehr einem echten Indianer gleichend wie einer, den wir tags vorher im Lager gesehen hatten. Als er sie erreicht hatte, näherte er sich ihnen verstohlen und wurde nicht eher bemerkt, als bis er mitten unter sie sprang und ein furchtbares Kriegsgeschrei ausstieß.

Vivallas Begleiter flohen wie vereinbart sogleich zu den Wagen zurück, und der fast zu Tode erschrockene Vivalla bewies bei dem Versuch hinterherzueilen eine große Behendigkeit seiner Beine. Aber der gewandte Indianer, der die andern laufen ließ, richtete sein ganzes Augenmerk auf den Skalp des Italieners. Der arme kleine Kerl schrie wie am Spieß, als er die Flinte des Indianers auf sich gerichtet sah. Da er sich nicht anders zu retten wußte, stürzte er in entgegengesetzter Richtung davon. Er lief wie ein Hirsch und setzte mit größter Geschicklichkeit über Baumstämme und Wurzeln und wagte nicht ein einziges Mal, sich umzusehen. Pentland, der besser zu Fuß war, ließ dem Italiener etwa zehn Meter Vorsprung, während er ihn, die Muskete in der Hand und bei jedem Schritt einen wilden Schrei ausstoßend, verfolgte. Der Wettlauf dauerte fast eine Meile, als der Signor ganz außer Atem stehenblieb, vor seinem rothäutigen Feind auf die Knie fiel und um sein Leben flehte. Der Indianer gab vor, kein Englisch zu verstehen, und zielte mit seinem Lauf auf Vivallas Kopf. Der Arme schrie, wand sich vor Angst und versuchte dem Indianer durch Gebärden deutlich zu machen, daß alles, worum er bitte, das nackte Leben sei, und schenkte man ihm dieses, wolle er seinem Feinde alles geben, was er besitze. Der Wilde schien sich zu besänftigen und die Zeichen des Italieners zu verstehen. Er setzte sein Gewehr mit dem Kolben auf die Erde und bedeutete seinem zitternden Opfer, daß es alles, was es bei sich hätte, auspacken sollte.

Flugs kehrte Vivalla seine Taschen um, und der Indianer nahm ihm seine Börse weg, die elf Dollar enthielt. Das war das ganze Geld, welches er bei sich hatte, während sich das übrige in einem Koffer auf einem der Wagen befand. Handschuhe, Sacktücher, Messer usw. wurden von ihm zuerst angeboten, aber der Wilde wies sie verächtlich von sich. Er befahl dem Italiener aufzustehen; dieser erhob sich sofort und wurde von seinem Besieger wie ein zur Schlachtbank bestimmtes Lamm fortgeführt, und zwar zu einer großen prächtigen Eiche, wo er

ihn mit Hilfe der Sacktücher auf eine sehr kunstvolle indiani-
sche Weise an dem Baumstamm festband.

Darauf ging der rothäutige Krieger fort, Vivalla mehr tot als
lebendig zurücklassend. Pentland eilte zu uns, und nachdem er
seinen indianischen Aufputz abgelegt und sein Gesicht gewa-
schen hatte, begaben wir uns alle auf die Suche nach Vivalla. Wir
fanden den kleinen Burschen an einem Baume angebunden,
halbtot vor Angst; als er uns erblickte, war seine Freude gren-
zenlos. Wir befreiten ihn; er sprang lachend umher und stieß
Töne aus, die an das Gekreische von Affen erinnerten. Sogleich
kehrte sein Mut zurück, und er schwor, daß der Indianer sich
noch mit zwölf anderen vereinigt hätte; wäre er nicht ohne Flinte
gewesen, so hätte er einen erschossen und sechs andern den
Kopf zerschmettert; aber ohne Waffe wäre ihm nichts übrigge-
blieben, als sich zu ergeben. Wir taten, als ob wir die Geschichte
glaubten, und ließen ihn eine ganze Woche hindurch sein Abenteuer erzählen und sich damit großtun, bis wir ihm schließlich
gestanden, welchen Scherz wir mit ihm getrieben hätten. Seine
Miene drückte Ärger und Beschämung aus, aber er faßte sich
bald wieder und schwor, daß alles, was wir sagten, erlogen wäre.
Pentland wollte ihm die elf Dollar zurückgeben, er verweigerte
jedoch die Annahme, denn er beteuerte, sie gehörten ihm nicht,
sein Geld hätte der Indianer genommen. Es gab noch viel über
die Tapferkeit des kleinen Italieners zu lachen; aber da ihn schon
die geringste Anspielung bitterböse machte, erwähnten wir
schließlich nichts mehr von der Sache. Doch auch Signor Vivalla
brüstete sich von nun an nie mehr mit seinem Mut.

Am 28. Februar 1837 erreichten wir Montgomery in Alabama. Hier begegneten wir einem Taschenspieler mit Namen
Henry Hawley. Er war ungefähr fünfundvierzig Jahre alt; da er
aber frühzeitig ergraut war, konnte man ihn gut und gern für
siebzig halten. Er kaufte die Hälfte meiner Schau.

Hawley war äußerst schlagfertig und witzig, hatte eine
glückliche Gabe, seine Späße dem jeweiligen Publikum anzu-

passen, und war in dieser Gegend, wo er seit mehreren Jahren Vorstellungen gab, sehr beliebt. Nur ein einziges Mal habe ich erlebt, daß er um eine Antwort verlegen war, und zwar bei der Vorstellung des Kunststücks, das »Der Eiersack und die alte Henne« heißt. Es geht folgendermaßen vor sich:

Der Taschenspieler hat einen Sack, in dem sich angeblich eine Henne befindet, die so viele Eier legt, wie er haben will. Er wendet den Sack von innen nach außen; anscheinend ist er leer; allein zwischen Sack und Futter ist eine kleine Tasche angebracht, so eingerichtet und abgeteilt, daß sechs Eier hineingehen. Nachdem er der Versammlung gezeigt hat, daß nichts im Sacke ist, befiehlt er der Henne zu legen und zieht ein Ei heraus. So fährt er fort, immer das Innere des Sackes herauswendend, sowie ein Ei »gelegt« ist, bis alle, das letzte ausgenommen, heraus sind. Die Hand auf den Teil des Sackes legend, wo das letzte Ei versteckt ist, breitet er den andern Teil auf der Erde aus und tritt mit dem Fuße darauf, um zu zeigen, daß kein Betrug vorliegt, und dann holt er das letzte Ei heraus und verkündet, er könne deren noch so viele haben, wie er wolle. »Aber bevor ich andere Eier verlange, will ich zeigen, daß es auch wirklich Eier sind.« Jetzt steht er vorn an seinem Tisch, und während er auf einer dort befindlichen Schüssel mit der rechten Hand ein Ei aufschlägt, hält er den Sack in der linken Hand. Alle Augen sind auf das Ei gerichtet, um zu sehen, ob es echt ist oder nicht. Während die Aufmerksamkeit der Zuschauer auf diese Weise abgelenkt wird, hängt der Taschenspieler verstohlen den Sack hinten am Tisch an einen dort angebrachten Haken, dann nimmt er von einem zweiten Haken einen ganz ähnlichen Sack, worin sich die Henne befindet.

»Nun«, sagte er, »werden Sie sich überzeugt haben, daß es wirkliche Eier sind, und ich will Ihnen die alte Henne zeigen, die sie gelegt hat.« Und die Öffnung des Sackes zur Erde kehrend, kommt zum höchsten Erstaunen der Anwesenden die alte Henne heraus.

Aber nun zu der eigentlichen Geschichte. Wir waren erst um zwei Uhr nachmittags in der Stadt, wo wir Vorstellungen gaben, angekommen. Wir hatten auf drei Uhr eine Vorstellung angekündigt, und der ganze Saal war schon voller Bauern, die herbeigeströmt waren, die Vorführung sich anzusehen. Wir brachten den Vorhang an, Hawley richtete seinen Zaubertisch her, und da er keine Zeit hatte, sein »Hennen-Stückchen« selbst vorzubereiten, so händigte er den Sack einem Negerjungen ein, der zum Hotel gehörte, wo wir abgestiegen waren, und hieß ihn ein altes Huhn fangen und in den Sack stecken; er sollte dafür umsonst zusehen dürfen. Der Junge kehrte mit dem Sack zurück, übergab ihn Hawley und schlüpfte in den Saal.

Der Sack mit dem Huhn war ordnungsgemäß hinter dem Tische aufgehangen, unser Geiger, der damals unser ganzes Orchester darstellte, eröffnete die Vorstellung mit einer kleinen musikalischen Darbietung. Der Vorhang ging auf, und Hawley begann mit seiner Nummer. Erst zeigte er verschiedene gewandte Kunststückchen mit Bechern und Kugeln, verschluckte ein Schiffsseil, spie Feuer und zog dann viele Ellen bunte Bänder aus seinem Munde. Dann hantierte er auf das geschickteste mit eisernen Ringen und Schlüsseln; er verschluckte eine Taschenuhr und zog eine enorme Menge Kraut, Rüben und Zwiebeln aus der Brusttasche eines kräftigen Bauernburschen, der sich erboten hatte, bei der Vorstellung mitzuwirken.

Dann kam der Clou von allem: die Henne und die Eier. Ei um Ei wurde aus dem Sack hervorgezaubert. Die Zuschauer zollten stürmischen Beifall. Er fühlte sich seines Erfolges gewiß und rief triumphierend: »Und nun werde ich Ihnen die alte Henne zeigen, die diese Eier gelegt hat!«

Er kehrte den Sack um, und heraus kam der Vogel, aber ach, es war ein Hahn! Jeder war über die Erscheinung ganz betroffen; als aber der alte Stangenhüpfer, unwillig über die Gefangenschaft, über die Bühne stolzierte, die Federn spreizte und zu krähen anfing, brach die ganze Versammlung in schallendes Gelächter aus, und Hawley stürzte beschämt und fassungslos in die Garderobe, fluchte über die Dummheit des schwarzen »Vogelfängers« und drohte, ihm den Hals umzudrehen. Zugleich erklärte er, nicht wieder vor den Vorhang treten zu wollen.

Nach Vorstellungen in Dörfern saß Hawley gewöhnlich noch in der Wirtsstube, umringt von einem Haufen leichtgläubiger, ihn bestaunender Burschen. Dann pflegte er die tollsten Geschichten zu erzählen. Sein graues Haar und seine ernste Miene ließen die weniger phantastischen Erzählungen glaubhaft erscheinen, die allzu märchenhaften wurden freilich nicht so leicht geschluckt. Trieb er es aber gar zu toll, so vergaß wohl einer der Burschen einmal allen Respekt und rief: »Beim Teufel, das ist gelogen!« Dann lachte er herzlich und sagte: »Das ist ebenso wahr wie alles, was ich euch erzählt habe.«

Wir gaben an zahlreichen Orten in Alabama, Kentucky und Tennessee Vorstellungen, lösten uns aber dann im Mai 1837 in Nashville auf.

Hawley blieb in Tennessee, um die Pferde, die wir auf die Weide gegeben hatten, zu bewachen, und ich eilte nach Hause, um einige Wochen mit meiner Familie zu verleben. Im Juli kehrte ich mit einer neuen Truppe nach Tennessee zurück, traf mit Hawley zusammen, und wir begannen unsere Vorstellungen von neuem. Wir waren indes vom Pech verfolgt. Einer der Artisten taugte nichts, ein anderer war ein Trunkenbold, und beide mußten entlassen werden. Unser Negersänger ertrank im Fluß bei Frankfort. In der Kasse entstand Ebbe; hier mußte ich ein Pferd, dort einen Wagen, am dritten Ort meine Uhr als Pfand für unbezahlte Wirtshauszechen zurücklassen. Obgleich später bei besseren Einnahmen diese Gegenstände wieder eingelöst werden konnten, so war mir doch das Glück mehrere Wochen lang nicht hold.

Nachdem ich mich von Hawley getrennt hatte, trat ich mit Z. Graves in Verbindung, überließ ihm die Überwachung des Unternehmens und ging nach Ohio, um Pentland aufzusuchen und ihn wieder zu engagieren. Als ich mit Pentland einig geworden war und überdies einige Musiker engagiert hatte, kaufte ich ein Fuhrwerk, und wir brachen nach Kentucky auf.

Ungefähr dreißig Meilen vor Cincinnati begegneten wir einigen Männern mit einer Herde Schweine. Einer der Treiber machte eine grobe Bemerkung, weil einer unserer Wagen nicht rechtzeitig zum Stehen gebracht wurde und man dadurch die Schweineherde nicht zusammenhalten konnte. Ich antwortete etwas heftig, indem ich den Mann mit seinen Schweinen verglich. Er stieg vom Pferd, und an mich herantretend, hielt er mir seine Pistole vor die Brust; ich solle Abbitte tun, oder er werde abdrücken. Ich bat ihn um eine Minute Bedenkzeit und die Erlaubnis, einen Freund im andern Wagen zu Rate zu ziehen. Er willigte ein, und ich holte den »Freund«, eine geladene und mit Zündhütchen versehene Doppelflinte. Ich näherte mich dem Schweinetreiber, dessen berittene Gefährten sich um ihn scharten, und sagte: »Nun habt Ihr Abbitte zu tun, mein Herr, sonst kann Euer Kopf Schaden leiden. Ihr habt auf mich wegen einer geringfügigen Beleidigung angelegt; Ihr scheint also ein Menschenleben für recht wohlfeil zu halten, deshalb sollt Ihr jetzt zwischen einer Kugel und einer Abbitte wählen!«

Er bat sofort um Vergebung, und wir gerieten in ein Gespräch und stimmten überein, daß manches Menschenleben in der Hitze der ersten Wut geopfert wird, weil man tödliche Waffen bei sich hat.

Wir gaben Vorstellungen in Nashville, Huntsville, Tuscaloosa und Vicksburg. In Vicksburg verkauften wir alle unsere Fuhrwerke außer vier Pferden und dem Wagen für die Musikkapelle. Für sechstausend Dollar erstanden wir das Dampfschiff »Ceres«, übernahmen den Kapitän und die Mannschaft,

fuhren den Fluß hinunter und eröffneten, an den Haupthäfen
anlegend, unsere Wanderschau.

In Natchez verließ uns unser Koch. Ich suchte vergeblich
einen anderen. Ich wandte mich an eine weiße Witwe, die, wie
man mir gesagt hatte, meinen Ansprüchen genügen würde. Sie
weigerte sich aber, weil sie in kurzem einen jungen Malergesel-
len zu heiraten hoffte. Wir brauchten aber einen Koch; unsere
Lage war verzweifelt. Ich wandte mich an den Liebhaber, erzählte ihm die Geschichte und fragte ihn, ob er die Witwe zu
heiraten gedächte. Er hatte sich aber noch nicht entschlossen.

»Können Sie keinen schnellen Entschluß fassen und sie
gleich heiraten?« fragte ich.

»Nein.« Er wußte nicht, ob sie ihn haben wollte, und ebensowenig wußte er, ob er sie haben wollte.

Das ließ sich hören, allein unsere Lage war verzweifelt. »Wenn Sie die Frau bis morgen früh heiraten, so will ich sie für fünfundzwanzig Dollar per Monat bei freier Kost als Köchin engagieren und Sie für dasselbe Gehalt als Maler; außerdem zahle ich Ihnen noch fünfzig Dollar als Angeld.« Am anderen Morgen war Hochzeit an Bord unseres Schiffes. Wenig später legte die Braut ihr weißes Kleid ab, und zu Mittag hatten wir ein ausgezeichnetes Essen.

In St. Francisville, Louisiana, trug sich eine beunruhigende und doch zugleich lächerliche Begebenheit zu. Während der Abendvorstellungen suchte ein Mann am Eingang des Zeltes an mir vorbeizukommen, indem er behauptete, sein Eintrittsgeld bereits bezahlt zu haben. Er war ziemlich betrunken, und als ich ihm entgegentrat, schlug er mit einem Totschläger nach mir. Der Schlag zerbeulte meinen Hut und traf jene Erhöhung des Kopfes, wohin die Phrenologen das Organ der Vorsicht verlegen. Vielleicht hatte dieser Umstand etwas mit dem zu tun, was nun folgte.

Der Abgewiesene ging seiner Wege, kam aber bald darauf mit einer schrecklichen Bande halbbetrunkener Gesellen zurück, deren jeder mit einer Pistole, einem Knüppel oder einer sonstigen Waffe versehen war. Sie schienen entschlossen, mich sofort anzugreifen. Ich wandte mich an den Bürgermeister und andere angesehene Bürger, die gerade im Theater waren, und bat sie um ihren Schutz gegen die Bande. Der erstere erklärte sich außerstande, mir seinen Schutz gegen solche Kerle angedeihen zu lassen; er könne mich nur vor unmittelbarer Gewalttat bewahren.

»Wir wollen Sie unter einer Bedingung ziehen lassen«, sagte der Gemäßigtste von den Rädelsführern. »Wir geben Ihnen genau eine Stunde Zeit, um Ihre Siebensachen zusammenzupacken, an Bord Ihres Schiffes zu bringen und abzufahren. Beeilen Sie sich, Sie haben keine Zeit zu verlieren. Wenn Sie einen Augenblick länger als eine Stunde am Ufer bleiben, so wird es Ihnen schlimm ergehen.«

Er sah auf seine Uhr, ich aber auf die Pistolen und Knüppel. Ich glaube, schneller wurde nie ein großes Zelt abgebaut. Die ganze Truppe arbeitete mit letzter Kraft. Weder für Geld noch gute Worte durfte uns einer der Bürger helfen. Ein gelegentliches »Beeilt euch!« spornte uns immer wieder an. Unsere Siebensachen wurden einfach auf das Deck des Schiffes geworfen, die Heizer hatten gehörig das Feuer geschürt, und schon fünf Minuten vor Ablauf der Stunde lösten wir die Taue und fuhren ab.

Die Schurken, welche uns so schnell aus dem Dorf jagten, zeigten Spuren von Humor und Anständigkeit. Unser Fleiß machte ihnen Spaß, sie begleiteten uns und unsere letzte Ladung, schwenkten ihre Fackeln von Harztannen und grüßten uns, als das Schiff sich in den Strom warf, mit einem wilden Hurra.

Die Zeitungen von New Orleans vom 19. März 1838 berichteten von der Ankunft des »Dampfers Ceres unter Kapitän Barnum mit einer Schauspielergesellschaft«. Wir gaben eine Woche lang Vorstellungen und gingen dann in die Attakapas-Gegend. In Opelousas tauschten wir den Dampfer gegen Zucker und Melasse um. Unsere Gesellschaft zerstreute sich. Ich ging nach New York zurück, wo ich am 4. Juni ankam.

Des Lebens eines herumziehenden Kuriositätenschaustellers war ich überdrüssig geworden, obgleich ich einsah, daß ich bei diesem Gewerbe gut verdienen könnte. Mein Trachten ging auf ein solides, ständig an ein und demselben Ort befindliches Unternehmen, und ich suchte durch Anzeigen in den Zeitungen eine Teilhaberschaft, wobei ich bemerkte, daß ich zweitausendfünfhundert Dollar bar und großen Fleiß einzusetzen hätte. Ich erhielt dreiundneunzig Angebote, und was für Angebote!

Ungefähr ein Drittel dieser Briefe kam von Kneipwirten. Ferner schrieben mir Makler, Lotteriekollekteure, Pfandleiher und eine Menge Erfinder oder Quacksalber. Mehrere meiner Korrespondenten weigerten sich, ihr Geschäft zu nennen, versprachen aber, bei einer vertraulichen Zusammenkunft mir Einsicht zu gewähren und mir wahre Goldgruben zu eröffnen. Ich traf mit einigen dieser geheimnisvollen Persönlichkeiten zusammen. Einer darunter gab sich nach langem Zaudern und nach wiederholter feierlicher Beteuerung meinerseits, sein Geheimnis zu wahren, als Falschmünzer zu erkennen und schlug mir vor, mit ihm dieses Geschäft gemeinsam zu betreiben. Er zeigte mir falsche Münzen und Banknoten und drohte mir für den Fall, daß ich es ausplauderte, den Tod an, verhieß mir aber, wenn ich mich mit ihm vereinigte, ungeahnte Reichtümer. Er brauchte die zweitausendfünfhundert Dollar, um Papier, Tinte und neue Stempel zu kaufen.

Ferner wandte sich ein sehr würdig aussehendes Individuum an mich, das wie ein Farmer aussah und wie ein Quäker gekleidet war. Der Mann wünschte, daß ich mich an einer Haferspekulation beteiligte. Er sagte, er wäre ein bankrotter Kaufmann, glaube aber, einträgliche Geschäfte machen zu können, wenn er sich Quäkerkleider anzöge und den Quäkerfarmer spielte sowie Wagen und Pferd kaufte. Er wollte dann Hafer en gros einkaufen und ihn im Einzelverkauf sackweise von seinem Wagen wieder absetzen. Karrenleute und Mietsstallbesitzer, sagte er, würden im allgemeinen lieber kaufen und nicht so genau im Nachmessen des Getreides sein, wenn sie glaubten, mit einem »Quäkerfarmer« zu tun zu haben.

»Wollen Sie etwa beim Abmessen Ihres Getreides betrügen?« fragte ich.

»Ich werde es so machen, daß niemand etwas merkt«, entgegnete er mit einem Seitenblick, der mich überzeugte, daß es im Staatsgefängnis bessere Menschen gab.

Auch ein Kaufmann, der in der Pearlstraße einen Wollhandel

hatte, wandte sich an mich. Ich erfuhr später, daß er einen Monat darauf Bankrott gemacht habe. Ein anderer Mann hatte ein Perpetuum mobile, das unser Glück begründen sollte, aber unglücklicherweise entdeckte ich, als ich es prüfte, eine heimlich angebrachte Feder, die das Perpetuum mobile so lange gehen ließ, bis sie abgelaufen war.

Schließlich wurde ich der Kompagnon eines Deutschen namens Proler, der Empfehlungen von einem Stadtverordneten beibrachte. Letzterer schilderte mir auch bei einer persönlichen Zusammenkunft Herrn Proler als einen Mann von Ehre. Er fabrizierte Stiefelwichse, einen wasserdichten Teig für Leder, Kölnisches Wasser und Bärenfett. Wir nahmen den Laden Nr. 101 ½ Bowery für sechshundert Dollar jährlich samt Wohnung und eröffneten eine große Fabrik für obige Artikel. Proler fabrizierte und verkaufte seine Artikel en gros in Boston, Charleston, Cleveland und andern Orten. Ich führte die Bücher und besorgte den Ladenverkauf im großen und kleinen.

Einige Monate lang schien das Geschäft sich gut anzulassen. Als aber mein ganzes Kapital verbraucht war und unsere Wechsel für das Lager fällig wurden, unsere Waren aber auf langes Ziel verkauft waren, fing ich an, die Schönheiten des Kreditsystems zu erkennen. Ja, ich fühlte sie auch, denn ich wurde manche schlaflose Nacht hindurch von einem in der Bank befindlichen Wechsel gequält, der am andern Morgen meine Bekanntschaft machen sollte.

Proler war ein gutaussehender Mann von angenehmen Manieren, aber er zeigte sich mir gegenüber als ein Schurke reinsten Wassers. Die Einzelheiten dieser Entdeckung würden für den Leser von geringem Interesse sein. Genug, unser gemeinschaftliches Geschäft wurde im Januar 1840 aufgelöst, und Proler kaufte dasselbe für zweitausendsechshundert Dollar auf Kredit. Ehe noch sein Wechsel fällig war, packte er Kisten und Koffer und segelte nach Rotterdam, mich als den Betrogenen zurücklassend.

Während meiner Geschäftsverbindung mit Proler – es war im Frühjahr 1839 – wurde ich mit einem jungen Mann namens Johann Diamant bekannt, der ein wahres Tanzgenie war. Ich schloß mit seinem Vater einen Vertrag, übergab ihn einem Agenten und lenkte die öffentliche Aufmerksamkeit auf seine Fähigkeiten. So wurde er ebenso berühmt wie die schwarzen Tänzer und die Äthiopier und brachte gleich ihnen immer ein volles Haus.

Im Frühjahr 1840 mietete ich von Herrn Bradford Jones den großen Saal im Vauxhallgarten in New York und eröffnete ihn mit mannigfachen Vorstellungen, Gesängen, Tänzen usw. Fräulein Marie Taylor, die berühmte Schauspielerin und Sängerin, trat hier erstmals auf der Bühne auf.

Mein Unternehmen im Vauxhallgarten entsprach aber nicht meinen Erwartungen, weshalb ich es im August aufgab. Was sollte ich anfangen? Ich wehrte mich mit allen Kräften gegen den Gedanken, das Leben eines herumziehenden Kuriositätenschaustellers wiederaufnehmen zu müssen, aber ich hatte für eine Familie zu sorgen, mein Vermögen war gering, und da sich nichts Besseres bot, so beschloß ich, mich den Entbehrungen, Plackereien und Unsicherheiten einer Reise durch den Westen und Süden von neuem zu unterziehen.

Mein großes Künstlerensemble bestand aus Herrn C. D. Jenkins, einem bewunderungswürdigen Sänger und Darsteller von Yankeerollen, Meistertänzer Diamant und einem Geiger. In Troy, New York, fügte ich Franz Lynch hinzu, ein vagabundierendes Waisenkind von vierzehn Jahren, dessen Talent später seinen gehörigen Teil zu dem Interesse beitrug, das unsere Vorstellungen fanden. Mein Schwager, Herr Johann Hallet, zog uns als Agent und Ansager voraus.

Unsere Reise ging nach Buffalo, Toronto in Kanada, Detroit, Chicago, Ottawa, Springfield, St. Louis und zahlreichen Zwischenstationen. In St. Louis nahmen wir einen Dampfer direkt nach New Orleans. Meine Gesellschaft war inzwischen durch Desertion der Künstler auf Meister Diamant und den Fiedler zusammengeschmolzen.

Wir kamen in New Orleans am 2. Januar 1841 an. Ich hatte nur noch hundert Dollar in der Tasche. Ich war von New York mit mindestens demselben Betrage abgereist, und vier Monate Angst und Mühe hatten, mit Ausnahme einiger kleiner Wechsel an meine Familie, nur die laufenden Ausgaben gedeckt. In weniger als vierzehn Tagen herrschte in meinen Taschen entschiedene Ebbe. Ich schuldete meiner guten Wirtin, Frau Gillet, eine Woche Kost und wurde aufgefordert, zu zahlen oder das Haus zu verlassen. Ich bat um einen kleinen Aufschub und versicherte ihr, daß ich, sobald Diamant sein Benefiz hätte, bei Kasse sein würde. Er gab gerade Vorstellungen, aber die Theater wurden lau besucht; und der Gewinn lag noch in dunkler Zukunft. Die würdige Frau, die keine zu günstige Meinung von Schaustellern hatte, verlangte Sicherheit, und ich gab ihr meine Uhr als Pfand.

Die Flut begann am 16. zu steigen. An jenem Abend erhielt ich etwa fünfhundert Dollar als meinen halben Anteil an Diamants Benefiz, während den andern Anteil Herr Caldwell vom St.-Charles-Theater gemäß unserer Verabredung bekam. Nun ging's flott weiter; am nächsten Abend erhielt ich fünfzig Dollar und am dritten vierhundertneunundsiebzig Dollar, letztere als Gewinn an einem großen Tanzwettstreit.

Meine Engagements in Vicksburg und Jackson hatten kein so günstiges Resultat, aber bei unserer Rückkehr nach New Orleans und später in Mobile krönte unsere Tournee ein bewunderungswürdiger Erfolg; Meister Diamant jedoch erpreßte bedeutende Summen und brannte schließlich durch, worauf ich am 12. März meine Schritte heimwärts lenkte.

Diese siebenmonatige Reise war übrigens durchaus nicht arm an interessanten Zwischenfällen. Ich habe bisher bloß den Weg skizziert, den ich nahm, und will hier nur noch ein paar Erinnerungen aus jener Periode folgen lassen.

Als wir in New Orleans ankamen, schloß Tyrone Power, der mit Recht berühmte irländische Tragöde, gerade ein Engagement mit Herrn Caldwell vom St.-Charles-Theater. Ich war so glücklich, seine Bekanntschaft zu machen. Er war ein äußerst genialer Mann. Als er Abschied von mir nahm – es war am 8. Januar 1841 –, wünschte er mir herzlich Erfolg und hoffte, mich einst wiederzusehen. Der arme Power! Das Schiff, auf welchem er in New York einen Platz nach Liverpool nahm, verließ unsere Küste, und nur der liebe Gott sah es in die Tiefe des Meeres sinken.

Fanny Elsler kam ungefähr am 1. März in New Orleans an und trat im St.-Charles-Theater auf. Die hinteren Sitze in den ersten Ranglogen wurden am 4. versteigert, und zwar zum Durchschnittspreise von viereinhalb Dollar. Mir schien es ungeheuer hoch, und ich bewunderte den Unternehmer, der die öffentliche Begeisterung bis zur Fieberhitze getrieben hatte. Ich ließ mir damals nicht träumen, daß ich zwölf Jahre später in derselben Stadt Billetts zu einem bedeutend höheren Preise versteigern würde.

Als ich in Pittsburg ankam, hörte ich, daß Jenkins, welcher den jungen Franz Lynch in St. Louis von mir weggelockt hatte, diesen im Museum unter dem angenommenen Namen »Meister Diamant« auftreten ließ. Ich besuchte heimlich die nächste Vorstellung und schrieb am andern Tag an Jenkins eine ironische Kritik; zugleich benachrichtigte ich ihn, daß ich bereit sei, sofort einen Prozeß gegen ihn anzustrengen, obgleich ich, wenn er es vorzöge, ganz gern die Angelegenheit bis zu unserem Zusammentreffen in New York verschieben wollte.

Wir sahen uns am folgenden Tag. Er drohte mit einem Beleidigungsprozeß auf meine Kritik hin, und da ich ihm nur mit einem spöttischen Gelächter antwortete, beschloß er, sich unverzüglich zu rächen. R. W. Lindsay, von welchem ich 1835 in Philadelphia Joice Heth gemietet und seitdem nichts mehr gehört hatte, war zu jener Zeit in Pittsburg. Auf Anstiften von

Jenkins verklagte er mich wegen eines Fasses Branntwein, das, wie er sagte, ich ihm bei jenem Handel zusätzlich zum Kaufpreis versprochen hätte. Der Richter verlangte fünfhundert Dollar Kaution von mir. Als Fremder konnte ich sie nicht auftreiben; ich wurde also ins Gefängnis geworfen. Mein Anwalt, dem ich alles, was ich an Geldeswert bei mir hatte, als Sicherheit übergab, bewirkte meine Befreiung um vier Uhr nachmittags.

Am andern Morgen ließ ich Jenkins wegen Eingriff in meine Rechte auf Franz Lynch und wegen Mißbrauch des Namens und Rufs von »Meister Diamant« verhaften. Er wurde auch erst um vier Uhr nachmittags in Freiheit gesetzt. Da jeder von uns nun die Annehmlichkeiten des Gefängnisses gekostet hatte, so vertagten wir unsere Kontroverse bis New York, wobei es ihm recht schlecht erging.

Ich kam in New York am 23. April 1841 nach achtmonatiger Abwesenheit wieder an, fand meine Familie recht wohl und war fest entschlossen, nie wieder in meinem Leben ein herumziehender Kuriositätenschausteller zu werden.

Am 26. April 1841 sprach ich bei M. Sears, dem Verleger von Sears Bilderbibeln, vor und schloß einen Kontrakt über fünfhundert Exemplare des Werkes, übernahm die Agentur davon für die Vereinigten Staaten, eröffnete am 10. Mai einen Laden an der Ecke von Beekman- und Nassaustraße, der später von Herrn Redfield als Buchhandlung benutzt ward und wo heute die Nassau-Bank steht. Ich hatte also den ersten Schritt getan, das Leben eines Kuriositätenschaustellers für immer aufzugeben und einen anständigen Beruf auszuüben. Ich inserierte geschickt, stellte Agenten und Unteragenten an, brachte es dahin, in sechs Monaten Tausende von Exemplaren zu verkaufen, aber zugleich so viele andere Exemplare den Händen zahlungsunfähiger Vertreter zu geben, daß ich meinen Gewinn und mein eigenes Geld verlor.

Inzwischen mietete ich abermals das Vauxhalltheater und eröffnete es am 14. Juni 1841. Um mein Ansehen als Bibelvertreiber nicht zu kompromittieren, leitete ich das Unternehmen unter dem Namen meines Schwagers Johann Hallet, und beim Schluß der Spielzeit hatten wir zweihundert Dollar Reingewinn erzielt.

Das Leben in der Stadt ohne rechte Beschäftigung, zusätzlich der Verpflichtung, meine Familie zu ernähren, erschöpfte meine Finanzen in allerkürzester Zeit, und ich wurde bald so arm, wie man sich's nur denken kann. Ich sah mich nach einer mir zusagenden Tätigkeit um, die mich über Wasser halten sollte, und erhielt endlich eine Anstellung bei dem Bowery-Amphitheater. Ich hatte Ankündigungen und Berichte zu

schreiben und dafür zu sorgen, daß diese in den Zeitungen erschienen. Das brachte mir in der Woche vier Dollar ein. Dann schrieb ich noch Artikel für die Sonntagspresse, damit wir zu Hause etwas im Topf hatten.

Damit verdiente ich zwar ganz schön, aber im Grunde blieb es eine recht fragwürdige Existenz, und ich begann über meine Lage ernsthaft nachzudenken. Ich war in die Jahre gekommen, wo es eine tüchtige Anstrengung zu machen galt, um nicht nur die täglichen Bedürfnisse zu decken, sondern darüber hinaus etwas für Notzeiten zurückzulegen. Bis jetzt hatte ich mich darum nicht geschert. Nun aber schien es mir an der Zeit, für die Zukunft zu sorgen.

Während ich beim Bowerytheater angestellt war, hörte ich zufällig, daß die Kuriositätensammlung, die sich in Scudders Amerikanischem Museum an der Ecke Broadway und Annstraße befand, zu verkaufen sei. Sie gehörte den Töchtern des Herrn Scudder und wurde zu ihren Gunsten von J. Furzman und von John Heath, dem Administrator, verwaltet. Der dafür geforderte Preis war fünfzehntausend Dollar. Sie hatte Herrn

Scudder vielleicht fünfzigtausend Dollar gekostet, und er hatte daraus so viel Gewinn geschlagen, daß er seinen Kindern ein hübsches Vermögen hinterlassen konnte. Seit einigen Jahren aber setzte man nur zu, und die Erben suchten die Sammlung baldigst zu verkaufen.

Seit langem hegte ich den Wunsch, in diesem Beruf mir eine feste Lebensposition zu schaffen. Allerdings waren meine letzten Unternehmungen wenig erfolgreich gewesen; allein meine Familie war übel daran, und ich wünschte sehnlichst eine feste Bleibe. Ich besuchte also das Museum immer wieder und ließ mir die Sache gründlich durch den Kopf gehen. Meines Erachtens bedurfte es nur großer Energie und viel Geschick bei der Verwendung der zur Verfügung stehenden Mittel, um wieder Leben hineinzubringen und es zu einem einträglichen Unternehmen zu machen. So beschloß ich, trotz meiner schlechten finanziellen Lage, wenn möglich die Sammlung zu erwerben.

Eines Tages begegnete ich einem Freund und weihte ihn in mein Vorhaben ein. »Du«, rief er verwundert aus, da er die Ebbe in meiner Kasse kannte, »du willst das Museum kaufen? Und womit?«

»Mit Messing«, erwiderte ich, »denn Gold und Silber habe ich nicht.«

Die Museumsgebäude gehörten Herrn Francis W. Olmsted, einem Kaufmann, der sich vom Geschäft zurückgezogen und eine Wohnung in Park Row innehatte. Aber wie konnte ich an ihn herankommen? Ich kannte niemand, der ihn kannte, und ihn ohne Empfehlung aufzusuchen konnte nur mit einem Hinauswurf enden. Ich schrieb ihm also, daß ich das Museum zu kaufen wünschte. Wenn ich auch nicht über bares Geld verfügte, glaubte ich doch, sofern mir ein entsprechender Kredit eingeräumt werden würde, dank meiner Geschicklichkeit und meiner Erfahrung wie auch durch meinen Arbeitseifer imstande zu sein, die fälligen Zahlungen stets pünktlich einzuhalten. Ich ersuchte ihn, die Sammlung für sich anzukaufen und mir dieselbe schriftlich zuzusichern, wenn ich die Zahlungstermine einhielte und die Miete pünktlich entrichtete. Für meinen Unterhalt beanspruchte ich vorerst nur zwölf Dollar die Woche, und wenn ich nur einmal mit meinen Zahlungen im Rückstand bliebe, so wäre ich bereit, sofort zu räumen und alles zu verlieren, was ich bis dahin abgezahlt hätte. »Sie mögen mir, Herr Olmsted«, fuhr ich fort, »so strenge Bedingungen auferlegen, wie es Ihnen gut dünkt. Gönnen Sie mir nur etwas Luft, um mich emporzuarbeiten, und ich werde Sie gewiß nicht enttäuschen.«

Ich brachte den Brief selbst hin und händigte ihn seinem Bedienten aus; zwei Tage darauf erhielt ich die Antwort, daß er mich zu einer bestimmten Stunde erwarte. Ich war zur festgesetzten Zeit dort, und Herr Olmsted lobte meine Pünktlichkeit. Er fixierte mich scharf und befragte mich manches über mein früheres Leben. Ich erzählte offen, welche Erfahrungen ich als Unternehmer öffentlicher Vergnügungsstätten gemacht, erwähnte Vauxhallgarten, den Zirkus und mehrere Kuriositätenkabinette, die ich im Süden geleitet hatte. Herrn Olmsteds Art und Weise machten einen sehr vorteilhaften Eindruck auf mich. Er bemühte sich zwar, eine strenge Miene aufzusetzen und sich einen vornehmen Anstrich zu geben, aber dennoch meinte ich, den gütigen, offenherzigen, edlen Menschen hindurchschimmern zu sehen, und unsere spätere nähere Bekanntschaft hat diesen ersten Eindruck als richtig bestätigt.

»Wer sind Ihre Gewährsleute?« fragte er.

»Männer meines Faches«, erwiderte ich, »zum Beispiel Edmund Simpson, Direktor des Parktheaters, W. Niblo, die Herren Welch, Juni, Titus, Turner, Angewine und andere Direktoren von Hippodroms oder Menagerien; auch Moses J. Beach von dem New York Sun.«

»Könnten Sie einige zu mir bitten?« fragte er.

Ich bejahte, und es wurde verabredet, daß sie am folgenden Tage sich bei ihm melden sollten; tags darauf sollte ich dann wieder nachfragen.

Meine Freunde Niblo, Beach und noch andere erwiesen mir die Gefälligkeit hinzugehen, und am nächsten Tage machte ich dem Lenker meines Geschickes abermals meine Aufwartung.

»Ihre Gewährsleute gefallen mir nicht, Herr Barnum«, sagte Herr Olmsted kurz angebunden, als ich bei ihm eingetreten war.

Ich war verblüfft und drückte mein Bedauern darüber aus.

»Sie sprechen alle zu gut über Sie«, sagte er lachend, »sie tun, als ob sie alle Ihre Partner wären und den Profit teilen würden.«

Diese Mitteilung behagte mir natürlich sehr. Er fragte darauf weiter, ob ich nicht einen oder den andern Freund bestimmen könnte, Bürgschaft für die fällig werdenden Zahlungen zu stellen. Ich verneinte es.

»Können Sie mir irgendeine Sicherheit anbieten, wenn ich den Ankauf für Sie tätige?« war die noch direktere Frage.

Ich dachte an einige Grundstücke, die ich in Connecticut besaß; aber sie waren schwer durch Hypotheken belastet. »Ich besitze wohl einige Acker Land und ein paar Gebäude in Connecticut, es liegen aber Hypotheken darauf«, sagte ich,

»Nein, nein, an belastetem Eigentum liegt mir nichts.«

Im Laufe der Unterredung wurde noch festgestellt, daß, wenn er sich zum Abschluß des Handels entscheiden sollte, er Eigentümer bis zur gänzlichen Abzahlung bleiben würde; ferner müßte ich auf meine Kosten einen Kassierer anstellen, der wöchentlich mit ihm abrechnen sollte; außerdem müßte ich ein seither als Billardzimmer benutztes Lokal im anliegenden Gebäude für fünfhundert Dollar jährlich mitmieten und die Gesamtlokalitäten auf zehn Jahre für einen jährlichen Zins von dreitausend Dollar pachten. Ich dachte, daß es mit allen diesen Vorschlägen und Zugeständnissen nun genug getan sei, und hoffte, der reiche Eigentümer würde keine weiteren Forderungen mehr machen. Darin irrte ich mich aber.

»Nun«, sagte er endlich, »wenn Sie nur ein Stück schuldenfreies Land hätten, um eine weitere Sicherheit zu geben, so würde ich es wagen, mit Ihnen abzuschließen.«

Dies schien mir der Wendepunkt meines Schicksals zu sein, und ich dachte bei mir: ›Jetzt oder nie.‹ Ich überflog in Gedanken meine kleinen Besitztümer, um das gewünschte Stück Land zu finden. Da kam mir die Efeuinsel in ihrer ganzen Schönheit, mit der meine jugendliche Phantasie sie bekleidet hatte, in den Sinn. Ich zauderte einen Augenblick. ›Ist er doch schon mehr als gesichert‹, dachte ich bei mir selbst, ›aber ohne ein Stück Land kann ich nun einmal das Museum nicht bekommen.‹ Ich fand also nichts Bedenkliches daran, als ich antwortete:

»Ich besitze fünf Acker Land in Connecticut, die völlig unbelastet sind.«

»Wirklich? Was haben Sie dafür bezahlt?«

»Es war ein Patengeschenk, das mir mein verstorbener Großvater Phineas Taylor machte.«

»War er reich?«

»Er galt für wohlhabend.«

»Das war schön von ihm, Ihnen das Land zu schenken. Es wird sicher einigen Wert haben. Aber Sie werden es wohl nicht weggeben wollen, da es ein Geschenk ist?«

»Ich werde es ja nicht wegzugeben brauchen, wenn ich meine Zahlungen pünktlich leiste, und ich bin dessen gewiß.«

»Gut«, sagte Herr Olmsted, »ich will die Sammlung für Sie kaufen. Mittlerweile versuchen Sie, beim Administrator wie bei den Erben des Museums die günstigsten Bedingungen herauszuhandeln, und kommen Sie heute in acht Tagen wieder zu mir.«

Ich verabschiedete mich und ging sogleich zu dem Administrator, Herrn Heath. Er forderte fünfzehntausend Dollar. Ich bot ihm zehntausend Dollar, in sieben Jahreszahlungen mit guter Bürgschaft. Er glaubte, nicht darauf eingehen zu können, und ich versprach, mich bald wieder bei ihm sehen zu lassen.

Im Laufe der Woche hatte ich mehrere Unterredungen mit

ihm, und wir einigten uns zuletzt auf einen Kaufpreis von zwölftausend Dollar. Am 15. November sollte die Sammlung übergeben werden. Herr Olmsted gab seine Einwilligung, und es wurde ein Tag für die Unterzeichnung des Kaufvertrags vereinbart. Herr Heath erschien zwar zu diesem Termin, sagte aber, er müßte alle ferneren Verhandlungen abbrechen, da er die Sammlung den Direktoren des Pealschen Museums für fünfzehntausend Dollar verkauft und eintausend Dollar im voraus erhalten hätte.

Ich war wie vom Donner gerührt. Ich berief mich auf unsere Abmachungen. Er erklärte, er hätte mir keine schriftliche Zusicherung gegeben, wäre also gesetzlich nicht gebunden und hielte es für seine Pflicht, das Vorteilhafteste für seine Mündel herauszuschlagen. Herr Olmsted sagte, es täte ihm leid, aber er könnte mir nicht helfen. Er hätte dadurch sichere Mieter gewonnen, ginge kein Risiko ein, ich müßte also zurücktreten.

Ich kann nicht sagen, wie es mir zumute war. Sogleich erkundigte ich mich nach dem Ruf dieses Pealschen Unternehmens; es setzte sich aus Spekulanten, an deren Spitze der unglückliche Präsident einer bankrotten Bank stand, zusammen; man hatte die Pealsche Sammlung für einige tausend Dollar gekauft, um das Amerikanische Museum damit zu vereinigen; auch beabsichtigte man, für fünfzigtausend Dollar Aktien darauf auszugeben, dreißigtausend Dollar davon einzustecken und den Aktionären die Sorge für das übrige zu überlassen.

Ich ging sofort zu einigen Zeitungsredakteuren, namentlich zu den Herren Noah und Beach, Freunden von mir, zu Merrick und Rope vom »Atlas« und anderen, um ihnen mein Leid zu klagen. »Stellt mir«, sagte ich, »euer Blatt zur Verfügung, und ich werde diesen Spekulanten schon heimleuchten!«

Sie willigten ein, und ich schrieb eine Menge bissiger Artikel, worin ich das Publikum vor dem Ankauf der Museumsaktien warnte, die Gesellschaft bankrotter Bankdirektoren, welche jetzt ausgestopfte Affen und Gänseriche zur Ausstellung bringen wollten, lächerlich machte und endlich bemerkte, daß eine solche Spekulation noch viel törichter sei als Dickens »Große vereinigte hauptstädtische Butterwecken- und Bretzel-Bäckerei und pünktliche Ablieferungsgesellschaft«.

Die Aktien blieben wie Lumpen liegen. Ich bat um eine vertrauliche Unterredung mit Herrn Heath und fragte, wann die Direktoren den Rest von vierzehntausend Dollar zu zahlen hätten. Am 26. Dezember, war die Antwort, sonst sind die angezahlten tausend Dollar verfallen. Ich versicherte ihn, daß sie nie zahlen würden, sie könnten sie nicht aufbringen, am Ende würde er die ganze Sammlung auf dem Hals haben und keinen Käufer finden; denn wäre ich einmal mit einem Kuriositätenkabinett nach dem Süden aufgebrochen, so würde ich das Museum um keinen Preis mehr haben wollen.

»Nun«, sagte ich, »wenn Sie insgeheim mit mir übereinkommen, daß, falls die Herren am 26. Dezember nicht zahlen, ich es am 27. Dezember für zwölftausend Dollar kaufen kann, so will ich noch so lange hierbleiben.«

Er nahm den Vorschlag bereitwillig an, sagte jedoch, er sei gewiß, sie würden die tausend Dollar nicht fahrenlassen.

»Gut«, sagte ich. »Alles, was ich mir ausbitte, ist, daß dieses Übereinkommen streng vertraulich bleibt.«

Er willigte ein.

»Am 27. Dezember, morgens zehn Uhr, bitte ich Sie, in Olmsteds Wohnung zum Abschluß des Kaufvertrags zu kommen, vorausgesetzt, daß die Gesellschaft Ihnen am 26. die Summe nicht bezahlt hat.«

Er war auch hiermit einverstanden und bestätigte es mir auf meine Bitte schriftlich.

Von diesem Zeitpunkt an betrachtete ich das Museum als mein Eigentum. Ich ging zu Olmsted und unterrichtete ihn über alles. Er versprach, es geheimzuhalten und den Vertrag gegebenenfalls zu unterzeichnen.

Das war ungefähr Mitte November. Allen, die mich darum

befragten, sagte ich, daß ich den Museumsplan aufgegeben hätte. Die ganze Zeit über konnte die Gesellschaft nicht eine Aktie verkaufen: Es regnete weiterhin Sticheleien und Angriffe auf sie herab.

Am 1. Dezember erhielt ich einen Brief vom Sekretär der Pealschen oder vielmehr der New Yorker Museums-Gesellschaft, wie sie sich nannte; ich wurde ersucht, nächsten Montag in die Direktionssitzung zu kommen, wo mir ein vorteilhaftes Angebot gemacht werden sollte.

Ich fand mich pünktlich ein. Die Sitzung hatte gerade begonnen. Der »ehrwürdige« Präsident, ein grauhaariger alter Mann mit Falkenaugen, zuletzt Präsident einer bankrott gegangenen Bank, sprach mich mit seinem süßesten Lächeln und im schmeichelhaftesten Tone an. Das Ende vom Liede war, sie wollten mich als Verwalter der vereinigten Museen engagieren.

Ich tat so, als ginge ich darauf ein, und forderte dreitausend Dollar jährlich. Sie machten mir Komplimente ob meiner Geschicklichkeit und bewilligten mir das Gehalt vom 1. Januar 1842 an. Im Begriff, die »ehrwürdige Versammlung« zu verlassen, bemerkte der liebenswürdige Präsident: »Herr Barnum, es ist wohl selbstverständlich, daß jetzt Ihre Sticheleien in den Zeitungen aufhören.«

»Ich werde stets den Vorteil derer im Auge haben, die mich engagieren«, erwiderte ich.

Die sauberen Herren lachten sich gewiß eins, nachdem ich außer Hörweite war. Sie dachten vermutlich, nun, da ich zum Schweigen gebracht worden war, die Aktien mühelos abzusetzen und es den Aktionären zu überlassen, mich hinauszuwerfen, sobald es ihnen gefalle. Sie meinten, sie hätten mich gefangen, ich aber wußte, daß sie in die Falle gegangen waren.

Da sie annahmen, daß nun niemand daran dächte, das Amerikanische Museum zu kaufen, beschlossen sie, ihre Aktien nicht vor dem 1. Januar auf den Markt zu bringen, um desto mehr die gegen sie gerichteten Angriffe in Vergessenheit geraten zu lassen. Hinsichtlich der für den 26. Dezember versprochenen Zahlung zweifelten sie nicht, daß Herr Heath gern warten würde, bis es ihnen beliebte, das Geld zu bringen. Sie machten sich so wenig Gedanken, daß sie es nicht einmal für nötig hielten, am 26. Dezember vorzusprechen und sich für dieses Versäumnis zu entschuldigen.

Am 27. Dezember morgens um halb zehn Uhr fand ich mich mit meinem Rechtsbeistand in Herrn Olmsteds Büro ein. Herr Heath kam pünktlich um zehn Uhr, und um zwei Uhr nachmittags wurde ich in aller Form zum Besitzer des Amerikanischen Museums erklärt. Meine erste geschäftliche Tätigkeit bestand darin, nebenstehenden Brief zu schreiben und abzusenden.

Der Präsident war baß erstaunt, suchte Herrn Heath auf und erfuhr von ihm die ganze Geschichte. Sein Zorn kannte keine Grenzen. Er drohte mit Klage; da dies aber aussichtslos war, so verlangte er die eingezahlten tausend Dollar zurück. Diese waren aber verfallen, und die Gesellschaft ging ihrer verlustig.

Niemand wird bezweifeln, daß ich jetzt all meine Kräfte einsetzte, ging es doch um alles oder nichts. Entweder konnte ich zu bestimmten Terminen die Raten für das Museum bezahlen, oder es würden laut Vertrag alle bereits gemachten Anzahlungen hinfällig. ›Mag es kommen, wie es will‹, sagte ich mir, ›ich bin entschlossen, alles zu tun, um gute Erfolge zu erzielen und das Museum voranzubringen.‹

Vor allem war größte Sparsamkeit in meiner ganzen Lebensführung nötig. Meine prächtige Frau war bereit, nicht nur in einer Stadt wie New York mit sechshundert Dollar auszukommen, sondern erbot sich sogar, wenn nötig, sich mit vierhundert Dollar zu begnügen.

Eines Tages, etwa sechs Monate nach dem Kauf, trat mein Freund, Herr Olmsted, gegen zwölf Uhr in mein Büro und fand mich allein bei meinem Mittagsmahl, bestehend aus einigen Stückchen Rindfleisch und Brot.

Amerikanisches Museum.
New York, den 27. Dez. 1841.

An

den Präsidenten

und die Direktoren

des New Yorker

Museums.

Meine Herren!
Es gereicht mir zum Vergnügen, Sie zu benachrichtigen, daß Sie zum freien Eintritt in mein Museum eingeschrieben sind.

P. T. Barnum.
Eigentümer.

»Ist das Ihr Mittagessen?« fragte er.

»Seit ich das Museum besitze, habe ich nie warm zu Mittag gegessen, außer an Sonntagen«, entgegnete ich, »und werde es auch nicht eher tun, als bis ich ganz schuldenfrei bin.«

»Ah! Sie werden bestimmt das Museum bezahlt haben, ehe das Jahr um ist«, erwiderte er und klopfte mir ermunternd auf

142

die Schulter. Und er sollte recht behalten, denn in weniger als einem Jahr war ich im vollen Besitz des Museums, das ich bis zum letzten Cent aus den Einnahmen bezahlt hatte.

Das »Amerikanische Museum« war zur Zeit, als ich es kaufte, wenig mehr als ein erster Beginn dessen, was es heute darstellt. In den dreizehn Jahren meiner Direktion habe ich die Zahl der zu allen Zeiten attraktiven Gegenstände und Kuriositäten um mehr als das Doppelte erhöht. Teils entnahm ich diese Dinge dem von mir 1842 gekauften Pealschen Museum, teils dem Chinesischen Museum, das ich im Jahre 1848 mit dem Amerikanischen Museum vereinigte, und schließlich erwarb ich auch noch so manches durch in Amerika und in Europa getätigte Ankäufe.

Der Raum, den das Museum heute einnimmt, ist mehr als doppelt so groß, als er im Jahre 1841 war. Der Vorführungssaal, der anfänglich sehr klein und unbequem war, wurde mehrere Male erweitert und verbessert und kann heute als einer der schönsten Säle dieser Art in ganz New York gelten.

Auch in anderer Beziehung wurden Vergrößerungen und Verbesserungen vorgenommen. Anfänglich waren die Kuriositätensammlungen nur tagsüber offen; abends fanden Vorstellungen statt, die aus unzusammenhängenden, kunterbunten Programmen bestanden, wie es damals bei mittelmäßigen Etablissements üblich war. Nun gab ich an Samstagnachmittagen und bald darauf auch an Mittwochnachmittagen Vorstellungen, die später sogar täglich, außer Sonntag, stattfanden.

Es wurde ständig für Abwechslung gesorgt, und die »nicht stabilen« Attraktionen des Museums wurden mannigfach variiert, so gab es zum Beispiel abgerichtete Flöhe, dressierte Hunde, Gaukler, Automaten, Bauchredner, lebende Bilder, Zigeuner, Albinos, Riesen, Zwerge, Seiltänzer, Karikaturenzeichner und Pantomimiker, Instrumentalmusik, Gesang und Tanz, von Äthiopiern ausgeführt; dann wieder Dioramas, Panoramas, Modelle von Dublin, Paris, dem Niagarafall, Jerusalem, mechanische Figuren, Glasblasen, Strickmaschinen und andere Triumphe der Mechanik, Indianer, die ihre kriegerischen und religiösen Zeremonien aufführten, und so weiter.

Abgesehen von diesen verdienstvollen und interessanten Vorstellungen und überhaupt abgesehen von allem, was damit zusammenhängt, ist meine ständige Ausstellung von Merkwürdigkeiten schon allein das Geld für die Eintrittskarte wert, die zu allen Darbietungen Zutritt gewährt. Wenn man mich wegen mancher Sehenswürdigkeiten des Humbugs beschuldigt, so bekümmert mich dies wenig. Zwar habe ich einmal eine fragwürdige tote Seejungfrau ausgestellt, doch sollte man nicht vergessen, daß ich auch ein Rhinozeros, Bären, Orang-Utans, Schlangen und so weiter gezeigt habe, die zweifellos lebendig waren, und ich sollte meinen, daß ein bißchen Tamtam mit Transparenten, Flaggen, Plakaten und mit Hilfe der Presse erzielter Bluffs bei weitem aufgewogen worden sind durch die vielen herrlichen, belehrenden, zweifellos wirklichen Dinge. Den Titel »König Humbug« legte ich mir selbst bei. Er wurde gewissermaßen zu meinem Firmennamen.

Unter den Sehenswürdigkeiten, die ich gleich anfangs im Museum ausstellte, befand sich ein Modell des Niagarafalls, das dem Künstler Grain gehörte. Es war sicherlich ein schönes Werk mit den richtigen Proportionen dieses großen Wasserfalls, samt Felsen, Bäumen und Gebäuden. Das einzige Kitschige daran war, daß Wasser darübergeleitet wurde, welches achtzehn Zoll tief herunterstürzte, um somit einen möglichst getreuen Eindruck des Naturwunders zu vermitteln. Ich kaufte das Modell für zweihundert Dollar und kündigte an:

»Das große Modell der Niagarafälle – mit richtigem Wasser!«

Ein einziges Faß Wasser genügte für die ganze »Saison«, denn die Niagarafälle flossen in ein Reservoir hinter der Szenerie, und das Wasser wurde durch eine kleine Röhre wieder hinaufgepumpt.

Allerdings mögen viele, die sich keine Reise nach dem Niagara gestatten konnten, veranlaßt worden sein, das Museum wegen des Modells zu besuchen. Kam es ihnen aber nur wie ein Spielzeug vor, so konnten sie sich am ganzen übrigen Museum für fünfundzwanzig Cent satt sehen und hatten keinen Grund, sich zu beklagen.

Einmal wurde ich vor die Direktion des Croton-Wasserwerks geladen.

»Mein Herr«, sagte der Präsident, »Sie bezahlen nur fünfundzwanzig Dollar jährlich für das Croton-Wasser im Museum. Damit sollte nur der gewöhnliche Wasserbedarf vergütet sein; wir können aber kein Wasser für Ihren Niagarafall ohne bedeutende Extravergütung gestatten.«

Ich bat die Herren, nicht alles zu glauben, was in den Zeitungen stehe, und meine großen Anschlagzettel nicht zu wörtlich zu nehmen, erklärte ihnen die Mechanik meines großen »Wasserfalles« und erbot mich, für jeden Tropfen Wasser, den ich über ein Faß hinaus im Monat dafür verwende, einen Dollar zu bezahlen, vorausgesetzt, daß meine Pumpe nicht versage. Ich wurde unter herzlichem Gelächter entlassen, worin Seine Hochwohlgeboren, der Präsident, mit einzustimmen geruhten.

Die Fidschi-Seejungfrau haben viele für eine von mir selbst oder nach meiner Anordnung fabrizierte Kuriosität gehalten. Das ist aber nicht der Fall. Ich habe sie allerdings dem Publikum zugänglich gemacht, und da ich jetzt gerade zu Geständnissen aufgelegt bin, so will ich mein Gewissen erleichtern. Vorerst muß ich erzählen, wie die Seejungfrau in meinen Besitz kam und woher sie stammte.

Im Sommer 1842 kam Moses Kimbal, der ehrenwerte Eigentümer des Bostoner Museums, nach New York und zeigte mir die angebliche Seejungfrau. Er sagte, er habe sie von einem Matrosen gekauft, dessen Vater im Jahre 1817 als Kapitän eines dem Herrn J. Ellery in Boston gehörenden Schiffes in Kalkutta gewesen sei, und sie im Glauben, es handele sich um die ausgestopfte Haut einer wirklichen Seejungfrau, von japanischen Matrosen erstanden. Er zweifelte nicht, daß sie anderen ebenso merkwürdig erscheinen würde wie ihm selbst, und nahm in der Hoffnung, großes Vermögen damit zu erwerben, sechstausend Dollar zum Ankauf derselben aus der Schiffskasse, überließ das Schiff dem Steuermann und ging mit seiner Errungenschaft nach London. Seine Erwartungen wurden nicht erfüllt, und er kehrte nach Boston zurück. Er glaubte immer noch, daß seine Kuriosität ein wirkliches Tier, also höchst wertvoll sei, bewahrte sie sehr sorgfältig auf und wandte alle Mittel an, sie zu erhalten, obgleich ihn sein früherer Reeder neuerdings als Schiffskapitän angeheuert hatte, damit er die zum Ankauf der Seejungfrau entnommene Summe wieder abverdiente. Er starb, und sein einziger Nachlaß bestand in der erwähnten Kuriosität. Sein Sohn und Erbe, der auf die Seejungfrau nicht viel Wert legte, verkaufte sie an Herrn Kimbal, der sie nach New York brachte, um mein Urteil über sie einzuholen.

So lautete die Erzählung. Meinem eigenen Urteil mißtrauend, holte ich die Ansicht eines Naturwissenschaftlers über die Echtheit des Tieres ein. Er antwortete, er begriffe nicht, wie man so etwas anfertigen könnte, denn nie hätte er einen Affen mit solch seltsamen Zähnen, Armen und Händen gefunden, noch nie einen Fisch mit solch eigenartigen Flossen gesehen.

»Warum unterstellen Sie aber, daß es angefertigt worden ist?« fragte ich.

»Weil ich nicht an Seejungfrauen glaube.«

»Das ist kein Grund; ich glaube daran und werde die Seejungfrau mieten.«

Das war freilich der einfachste Teil der Sache. Weit schwieriger war das Problem, wie man die Leute zum Glauben an Seejungfrauen bekehren könne, daß ihre Neugierde geweckt und zur Besichtigung des ausgestellten Exemplars gereizt würde. Außerordentliche Mittel mußten hier angewandt werden; ich

entschloß mich zu einer indirekten Methode und bediente
mich dabei wie schon des öfteren der Presse.

Zur richtigen Zeit erschien im N. Y. Herald ein offener, in
Montgomery, Alabama, aufgegebener Brief, in dem neben
Tagesneuigkeiten beiläufig erwähnt wurde, daß ein gewisser
Dr. Griffin, Assistent am naturhistorischen Institut in Lon-
don, kürzlich von Pernambuco zurückgekommen wäre und
eine höchst merkwürdige Kuriosität, nämlich eine wirkliche
Seejungfrau, mitgebracht hätte. Sie wäre zwischen den Fidschi-
inseln gefangen, in China ausgestopft und dort von dem Dok-

tor zu einem hohen Preis für das Londoner naturhistorische Kabinett gekauft worden.

Acht oder zehn Tage darauf erschien ein Brief ähnlichen Inhalts, mit anderen Lokalneuigkeiten, in einem anderen New Yorker Blatte, datiert und zur Post gegeben in Charleston, Südcarolina.

Ein dritter Brief, datiert und von Washington, Columbia, abgeschickt, erschien in einem dritten Blatte; darin wurde auf die Möglichkeit angespielt, daß Redakteure New Yorker Blätter Dr. Griffin ersuchen wollten, vor seiner Abreise nach London seine Merkwürdigkeit besichtigen zu dürfen.

Wenige Tage nach dem Erscheinen dieses dritten Briefes wurde Herr Lyman, der mir schon bei Joice Heth behilflich gewesen war, in das Fremdenbuch eines der ersten Hotels in Philadelphia als Dr. Griffin aus New York ordnungsgemäß eingetragen. Sein anständiges, würdevolles, aber doch freundliches Wesen und seine große Freigebigkeit machten ihn in wenigen Tagen sehr beliebt, und als er seine Rechnung bezahlte, um tags darauf nach New York zu reisen, dankte er dem Wirt für seine aufmerksame Bedienung und sagte: »Wenn Sie mit auf mein Zimmer kommen, will ich Ihnen etwas zeigen, das Sie in Erstaunen setzen wird.« Und so bekam der Wirt die größte Sehenswürdigkeit der Welt – eine Seejungfrau – zu Gesicht.

Er war so überrascht und zeigte ein solches Interesse, daß er dringend um die Erlaubnis bat, einige Freunde und namentlich einige Zeitungsredakteure herbeizuholen, damit sie das Wunder ebenfalls in Augenschein nähmen.

»Obgleich es mir eigentlich nicht zusteht«, sagte der Dr. Griffin, »bin ich dennoch der Meinung, das naturhistorische Kabinett in London nicht zu schädigen, wenn ich Ihren Wunsch erfülle.« So wurde der Abend dafür vorgesehen.

Die Philadelphiaer Zeitungen vom nächsten Tag zeigten, daß unser Plan vortrefflich gelang. Die dortige Presse unterstützte die New Yorker bestens und erweckte ein weitreichendes, ständig zunehmendes Interesse, die Seejungfrau zu besichtigen.

Ich gestehe offen, daß alle drei Berichte von mir selbst geschrieben und an Freunde mit der Weisung geschickt worden waren, sie an bestimmten Tagen auf die Post zu geben. Diese Vorsicht und die Poststempel ließen keinen Verdacht einer Fopperei aufkommen, und in dieser Weise trugen die New Yorker Blätter unbewußt dazu bei, die Öffentlichkeit auf die Seejungfrau aufmerksam zu machen.

Lyman kam mit seiner großen Kostbarkeit nach New York und stieg im Pazifikhotel, Greenwichstraße, als Dr. Griffin ab. Die Ankunft der Seejungfrau wurde den stets auf Neuigkeit erpichten Reportern sogleich bekannt. Sie sprachen im Hotel vor, und der dienstbeflissene Assistent des englischen naturhistorischen Kabinetts gestattete ihnen, ihre Neugierde zu befriedigen. Die Zeitungen enthielten zahlreiche Berichte über diese Besichtigungen, die alle sehr befriedigend lauteten.

Ich glaube fest, daß die Berichterstatter und Redakteure, die das Tier besichtigt hatten, ehrlich davon überzeugt waren, daß es in der Tat das war, wofür es ausgegeben wurde — nämlich eine Seejungfrau. Denn war sie nun künstlich hergestellt oder nicht, so konnte doch niemand entdecken, wo man den Affen und den Fisch miteinander verbunden hatte. Das Rückgrat des Fisches setzte sich in gerader ununterbrochener Linie bis zum Ansatz des Schädels fort; das Haar des Wesens hing mehrere Zoll über den Fischleib, und mittels eines Vergrößerungsglases konnte man zwischen den Haaren Fischschuppen entdecken. Zähne, Finger und Hände wichen ihrer Form nach gänzlich von denen aller anderen bisher bekannten Affen- oder Orang-Utan-Arten ab, während die Anordnung der Flossen wieder völlig verschieden von allen bisher erforschten Fischarten war. Das Tier war ein häßliches, ausgetrocknetes, schwarz aussehendes und zwerghaftes Wesen von beinahe drei Fuß Länge.

Der Mund stand offen, der Schwanz war gebogen, die Arme waren nach oben gereckt, und es hatte den Anschein, als wäre es im schmerzlichsten Todeskampf umgekommen.

Während Lyman in seinem Hotel die Öffentlichkeit für »Seejungfrauen« mobilisierte, war ich natürlich meinerseits auch nicht untätig, ließ Holzschnitte und Transparente anfertigen und brachte eine Broschüre über die Existenz der Seejungfrau heraus.

Das Seejungfraufieber wuchs sich allmählich zu einer Epidemie aus. Es gab wohl kaum einen New Yorker, der nicht wenigstens eine Abbildung gesehen hatte. Bald wurde allgemein der Wunsch geäußert, das Wunder mit eigenen Augen zu sehen.

Als ich glaubte, daß die Neugier des Publikums auf die Seejungfrau groß genug geworden sei, ließ ich durch einen Mittelsmann die Konzerthalle auf dem Broadway für die Schaustellung mieten.

Die Zeitungen brachten die umstehend abgedruckte Notiz.

Eine große Anzahl Besucher strömte dorthin, und Dr. Griffin, in Wahrheit Lyman, erklärte mit viel Geschick das Fabelwesen. Insgeheim bangte ich nicht wenig, daß der eine oder andere in Dr. Griffin den Betreuer von Joice Heth, der Amme Washingtons, entdecken könnte. Glücklicherweise trat keine solche Katastrophe ein. Lyman, der vor der Glasglocke mit dem häßlichen Meermädchen stand, beglückte sein Auditorium mit belehrenden Erzählungen über seine Reisen und Abenteuer und durch wissenschaftliche Vorträge über die Natur im allgemeinen und über Seejungfrauen im besonderen.

Der größte Teil des Publikums äußerte seine Zufriedenheit; aber einige Besucher waren recht enttäuscht, daß sie statt der schönen, in einem Fischschwanz auslaufenden, sechs Fuß hohen Frauengestalt auf dem groben Plakat am Eingang drinnen ein schwärzliches Monstrum, eine Kreuzung zwischen einem ausgetrockneten Affen und einem Fisch, erblickten, das ein

DIE

SEEJUNGFRAU

NEBST MEHREREN
🖙 EXEMPLAREN 🖘
AUS DEM TIERREICH

Das Publikum wird achtungsvoll davon in Kenntnis gesetzt, daß auf Verlangen zahlreicher Verehrer der Wissenschaft in hiesiger Stadt Herr J. Griffin, Eigentümer der Seejungfrau, vor kurzem aus Pernambuco hier angekommen, eingewilligt hat, dieselbe dem Publikum jedoch ganz bestimmt nur für eine Woche zu zeigen. Zu diesem Zweck hat er die geräumigen Säle der Konzerthalle, 404 Broadway gemietet. Die Ausstellung fängt am Montag, den 8. August, an und schließt unwiderruflich Samstag, den 13. d. M. Das Tier ward nahe den Fejee-Inseln gefangen und von dem jetzigen Inhaber für das Londoner naturhistorische Kabinett um einen hohen Preis gekauft, der es mehr zur Befriedigung des Publikums als um eigenem Profit willen kurze Zeit zur Ausstellung bringt. Der Eigentümer desselben hat mehrere Jahre verschiedene Länder der Welt bereist, um merkwürdige Tierexemplare für das Londoner Kabinett zu sammeln; er besitzt und bringt gleichzeitig zur Ansicht des Publikums: ▪ 1 Den Ornithorinchus von Neu-Holland, das Mittelglied zwischen Seehund und Ente. ▪ 2 Der fliegende Fisch — zwei Exemplare — eins vom Golfstrom und das andere aus Westindien. Dieses Tier verbindet augenscheinlich das Fisch- und Vogelgeschlecht. ▪ 3 Die Ruderschwanzschlange aus Süd-Amerika. ▪ 4 Die Sirene oder das Mud Iguana, ein Verbindungsglied zwischen Fisch und Reptil. ▪ 5 Den Proteus Sanguinus, ein unterirdisches Säugetier aus einer Erdhöhle in Australien, und noch andere Tier-Exemplare.

25 Cent	EINLASSKARTEN DIE PERSON	25 Cent

kleiner Junge hätte unter den Arm nehmen und forttragen können.

Die Seejungfrau blieb eine Woche lang in der Konzerthalle; dann kündigte ich an, daß man sie von nun an im Amerikanischen Museum ohne erhöhtes Eintrittsgeld sehen könne. Zahlreiche Transparente waren vorbereitet, Anschlagzettel wurden verteilt, und am Montagmorgen wehte eine Flagge von achtzehn Fuß Länge mit der Abbildung einer »Seejungfrau« an der Fassade des Museums. Lyman sah sie, als er sich langsam näherte, um seine Tätigkeit zu beginnen. Er beschleunigte seine Schritte, trat in mein Büro und fragte: »Was in aller Heiligen Namen soll diese ungeheure Flagge draußen?«

»Niemand soll den Broadway entlanggehen, ohne zu wissen, wo die Seejungfrau zu finden ist.«

»Oh, die Flagge muß herunter! Niemand kann das Publikum mit unserem ausgetrockneten Exemplar von achtzehn Zoll Höhe zufriedenstellen, wenn man ein Gemälde davon zeigt, worauf sie in einer Größe von achtzehn Fuß prangt. Das ist Betrug!«

»Ah, bah! Das soll ja nur die Blicke auf sich ziehen. Niemand erwartet, ein Geschöpf von dieser Größe vorzufinden.«

»Ich versichere Ihnen, es geht keinesfalls. Ich verstehe mich etwas darauf, wieviel das Publikum schlucken kann, und ich sage Ihnen, die Seejungfer wird nicht geschluckt, wenn die Flagge hängenbleibt.«

»Die Flagge hat mich über siebzig Dollar gekostet, und sie darf nicht eingezogen werden.«

Lyman knöpfte sich entschlossen den Rock zu, und nach der Tür gehend, sagte er: »Gut, Herr B., wenn Sie unter dieser Fahne zu kämpfen Lust haben, mögen Sie es tun – ich aber tue es nicht.«

»Was? Also ein Deserteur?« sagte ich lachend.

»Jawohl! Ich lasse falsche Farben im Stich, wenn sie zu grell sind, und Sie werden es auch tun, und zwar noch ehe es Abend wird.«

Da ich Dr. Griffin nicht entbehren konnte, mußte ich, wenn auch widerstrebend, die Flagge für immer einholen. Lyman wurde übrigens später ein hervorragender Mormone.

Die Seejungfrau wurde noch in verschiedenen Staaten zur Schau gestellt und kehrte endlich zu ihrem Eigentümer, Herrn Kimbal, zurück, der ihr seither stets einen hervorragenden Platz in seinem wirklich ausgezeichneten Museum eingeräumt hat.

Daß ihre »Jungfräulichkeit« sehr anziehend war, geht aus folgenden Angaben hervor:

Die Einnahmen des Amerikanischen Museums beliefen sich in den vier Wochen vor Ausstellung der Seejungfrau auf eintausendzweihundertzweiundsiebzig Dollar, in den ersten vier Wochen ihrer Ausstellung beliefen sich jene Einnahmen auf dreitausenddreihunderteinundvierzig Dollar dreiundneunzig Cent.

Der New Yorker Museums-Gesellschaft war es nicht gelungen, ihre Aktien zu verkaufen, und sie vermieteten ihr unter dem Namen »Peales Museum« bekanntes Etablissement an Yankee Hill, der nach wenigen Monaten fallierte. Dann kam es unter die Leitung von Herrn Heinrich Bennet, der die Eintrittspreise senkte und das Geschäft zu beleben hoffte, indem er alle meine Unternehmungen nachahmte. Als ich das Fidschi-Meermädchen zeigte, vereinigte er einen Affen mit einem Stockfisch und kündigte das Produkt als »Fudschi-Meermädchen« an. Und so versuchte er auch, mich bei anderen Gelegenheiten zu kopieren.

Als seine Einfälle dem Publikum langweilig wurden, setzte er bei dem Geschäft zu und mußte, nachdem er den letzten Dollar verloren, sein Museum am 2. Januar 1843 schließen. Die ganze Sammlung fiel in die Hände des Hauseigentümers, um einen Mietrückstand von sechs- bis achttausend Dollar zu decken. Ich kaufte sie von diesem unterderhand für siebentausend Dollar bar, mietete das Gebäude und engagierte Bennet heimlich als meinen Agenten. Wir machten zum Schein lebhafte Opposition, um die allgemeine Aufmerksamkeit auf uns zu lenken, was mir sehr zustatten kam. Nach sechs Monaten vereinigte ich die ganze Sammlung, mit Einschluß der prachtvollen Galerie amerikanischer Porträts, mit dem Amerikanischen Museum.

Im November 1842 fuhr ich in Geschäften nach Albany, und da der Hudson zugefroren war, kehrte ich mit der Housatonic-Eisenbahn zurück. Ich blieb eine Nacht in Bridgeport, Connecticut, wo mein Bruder Philo F. damals das Franklin-Hotel besaß.

Ich hatte von einem merkwürdig kleinen Jungen in Bridgeport gehört, und auf meinen Wunsch brachte ihn mein Bruder herbei. Es war das kleinste Kind, das ich je hatte herumlaufen sehen. Es war keine zwei Fuß hoch und wog weniger als sechzehn Pfund; übrigens ein Kerlchen mit glänzenden Augen, hellem Haar und rosigen Wangen, vollkommen gesund und äußerst wohlproportioniert. Der Junge war sehr schüchtern; nachdem ich jedoch sein Zutrauen gewonnen hatte, sprach er mit mir und sagte mir, er hieße Carl Stratton, Sohn von Sherwood E. Stratton.

Er war erst fünf Jahre alt, und einen Zwerg von diesem Alter zeigen zu wollen war eine etwas bedenkliche Sache, aber auf einen Versuch wollte ich es ankommen lassen und engagierte ihn auf vier Wochen für drei Dollar die Woche nebst Reisegeld und Unterhalt für ihn und seine Mutter.

Am 8. Dezember 1842 kamen sie in New York an, und Frau Stratton war höchlich erstaunt, ihren Sohn in den Museumsanschlagzetteln als General Tom Thumb (Däumling), einen Zwerg, elf Jahre alt, in England geboren, angepriesen zu sehen.

Dies entsprach keineswegs der Wahrheit. Ich will mich nicht zu rechtfertigen versuchen, sondern nur mildernde Umstände geltend machen. Der Junge war zweifellos ein Zwerg, und man hatte mir versichert, daß er seit seinem sechsten Monat nur wenig gewachsen war; hätte ich aber sein richtiges Alter angegeben, so würde es nicht möglich gewesen sein, das Interesse oder die Neugierde des Publikums zu wecken.

Ich gab mir viele Mühe, meinen Däumling abzurichten, und opferte hierfür manche Stunde bei Tag und Nacht. Dank der natürlichen Anlagen und seiner Neigung zum »Spaßhaften« hatte ich damit Erfolg. Er gewann mich sehr lieb.

Nach vier Wochen engagierte ich ihn aufs neue für ein Jahr zu sieben Dollar pro Woche und für fünfzig Dollar Gratifikation am Jahresende unter der Bedingung, ihn an jedem Ort der Vereinigten Staaten vorführen zu dürfen. Lange vor Ablauf des Jahres erhöhte ich freiwillig sein Gehalt auf fünfundzwanzig Dollar pro Woche. Er verdiente es redlich, da er bald der Liebling des Publikums war.

Ich zeigte ihn häufig einige Wochen hintereinander im Museum, und wenn ich andere Neuheiten darin zur Schau stellte, so ließ ich ihn in Städten und Dörfern unter Begleitung meines Freundes F. Hitchcok auftreten.

In der Zwischenzeit hatte ich alle Schulden bezüglich des

Amerikanischen Museums abgetragen. Ich schloß mit General Tom Thumb einen neuen Vertrag ab, dem zufolge ich ihm fünfzig Dollar wöchentlich zu zahlen, ihm alle Kosten zu vergüten hatte, dafür aber berechtigt war, ihn auch in Europa sehen zu lassen.

Donnerstag, den 18. Januar 1844, begab ich mich an Bord des neuen und prächtigen Postschiffes »Yorkshire«, unter Kapitän Bailey, nach Liverpool. Meine Reisegesellschaft bestand aus General Tom Thumb, seinen Eltern, seinem Lehrer, Professor Guillauden, dem französischen Naturforscher, und mir selbst. Das »Städtische Blasorchester« geleitete uns freundlich bis Sandy Hook, wohin uns viele unserer Freunde gefolgt waren.

Um halb ein Uhr gab das Signal des Dampfers, der uns zur Bai hinausbugsierte, das Zeichen zum Abschiednehmen.

Infolge von Windstillen und Gegenwinden dauerte die Überfahrt neunzehn Tage. An Schiff und Kapitän gab es nichts zu bemängeln. Nur einige Passagiere wurden seekrank; ich blieb davon verschont. Alle waren sehr nett miteinander, und die Zeit ging rasch vorüber.

Am achtzehnten Tag stürzten wir bei dem Ruf »Land! Land!« fröhlich auf das Deck. Die schneebedeckten Berge von Wales tauchten bald auf, und drei Stunden später waren wir im sicheren Hafen von Liverpool. Auf den Kais gab es ein großes Menschengedränge; man erkundigte sich eifrig nach Tom Thumb, da es in Liverpool schon bekannt geworden war, daß er mit dem »Yorkshire« ankommen würde. Seine Mutter schmuggelte ihn glücklich an Land; keiner hatte es gemerkt, denn es kam einem nicht in den Sinn, daß er so klein sein könnte, um wie ein Baby auf dem Arm getragen zu werden.

Unser Gepäck ward ins Zollhaus gebracht; wir bezahlten auf alles, was nicht »Made in England« war, Zoll und durften dann gehen. Wir kehrten im Waterloo-Hotel ein – dem besten in der

Stadt. Nachdem wir einem halben Dutzend Trägern eine halbe
Krone dafür gezahlt hatten, daß sie für unser Gepäck sorgen
sollten – nicht die Hälfte hatte es auch nur angerührt –,
schwemmten wir unsern Ärger mit einer Flasche Porter hinunter und aßen zu Mittag.

Der Eigentümer eines Wachsfigurenkabinetts mit drei und
einem halben Pence Eintrittspreis machte mir seine Aufwartung. Er hatte von der großen amerikanischen Sehenswürdigkeit gehört und wollte der erste sein, mich und den General für
etwa zehn Dollar pro Woche zu engagieren, um die Anziehungskraft seines ohnehin wundervollen Kabinetts zu er-
höhen.

Ich konnte darüber nur lachen, fiel aber doch in düsteres
Brüten, als mir klarzuwerden begann, daß Zwerge in England
nicht hoch in Kurs zu stehen schienen. Unter anderen Umständen hätte mir dies nicht viel ausgemacht, allein ich war
fremd in fremdem Land, und die Zukunft lag dunkel vor mir.

Am nächsten Morgen erreichte mich gleich einem Sonnen-
strahl folgendes Billett:

Madame Celeste entbietet Herrn Barnum ihren
freundlichen Gruß und erlaubt sich, ihm ihre Privatloge
zur Benutzung für sich und seine Freunde für die ganze
Zeit seines Aufenthaltes anzubieten.

Theater Royal,
Williamson-Square.

Ich machte von diesem höflichen Anerbieten am nämlichen
Abend Gebrauch, und General Tom Thumb, halb durch seines
Lehrers Mantel verdeckt, saß auf meinem Schoß. In der Nach-
barloge befanden sich eine Dame und ein Herr, beide von ele-
gantem, Reichtum verratendem Äußeren. Das Interesse des

Generals an der Vorstellung zog ihre Aufmerksamkeit auf sich, und die Dame bemerkte zu mir: »Was für ein intelligent aussehendes Kind dies ist! Es scheint der Handlung voll Interesse zu folgen!«

»Verzeihen Sie, Madame«, sagte ich, »das ist kein Kind; es ist General Tom Thumb!«

»Wirklich?« riefen beide in einem Atem. Sie hatten die Ankündigung unseres Besuches gelesen, die uns vorausgeeilt war, und fanden nun alles, was sie über den Wunderzwerg vernommen hatten, vollkommen bestätigt. An der Aufrichtigkeit ihrer Begeisterung war nicht zu zweifeln, denn sie rieten mir sofort auf das dringlichste, den General nach ihrem Wohnort Manchester zu bringen, wo sein Auftreten gewiß sehr erfolgreich und einträglich sein würde.

Ich dankte meinen neuen Freunden für ihren Rat und ihre Teilnahme und fragte, welchen Eintrittspreis sie mir vorschlügen.

»Der General ist eine so einmalige Sehenswürdigkeit«, sagte die Dame, »daß Sie meiner Meinung nach mindestens zwei Pence verlangen können.«

Ihr Mann aber unterbrach sie mit den Worten: »Nicht doch, mit diesem Preise würden Sie kein Glück haben. Nehmen Sie einen Penny, das ist der übliche Eintrittspreis für Riesen und Zwerge.«

»Schlimmer geht's nimmer!« dachte ich. Welch plötzlicher Sturz von der Höhe meiner kühnen Erwartungen! Aber im Nu hatte ich mich wieder gefaßt und mein ganzes Selbstbewußtsein wiedergewonnen. Nie soll der Eintrittspreis unter einem Schilling liegen, und ich zweifle nicht daran, daß Adel und Bürgerstand Englands noch Gold dafür geben werden, den General Tom Thumb zu sehen!

Es war meine Absicht, sogleich nach London zu gehen und meinen Werbefeldzug im Hauptquartier, das heißt im königlichen Palast, zu beginnen. Allein ich hörte zu meinem Bedauern, daß die königliche Familie des Todes von Prinz Alberts Vater wegen Hoftrauer habe und deshalb keinerlei Belustigungen gestattet seien. Meine Empfehlungsbriefe brachten mich bald in freundschaftliche Beziehungen zu mancher ausgezeichneten Familie. Ich entschloß mich denn, einen Saal zu mieten und den General für kurze Zeit in Liverpool dem Publikum vorzuführen.

Inzwischen wurde mir vertraulich aus London mitgeteilt, daß Herr Maddox, Direktor des Prinzessinnen-Theaters, herkommen wollte, um die Schaustellung zu sehen und ein Übereinkommen mit mir zu treffen. Er kam inkognito; ich aber war auf sein Kommen vorbereitet und von einem Freunde auf seine Person aufmerksam gemacht worden; so ging ich auf ihn zu und redete ihn bei Namen an. Er war sehr überrascht, gestand aber den Grund seiner Anwesenheit ein. Eine weitere Unterredung führte zum Engagement des Generals für drei Abende im Prinzessinnen-Theater.

An dem General fand man im Prinzessinnen-Theater so viel Gefallen, daß sich schwer sagen läßt, wer am meisten befriedigt war, das Publikum, der Direktor oder ich selbst. Das erstere war befriedigt, weil es sich köstlich amüsierte, der Direktor, weil er eine unerwartet große Einnahme hatte, und ich, weil ich darin eine Garantie für einen sicheren Erfolg in London sah. Man bot mir einen weit höheren Preis für eine Verlängerung des Engagements, aber mein Zweck war vollständig erreicht. Man war auf General Thumb aufmerksam geworden und hatte erkannt, was für eine unvergleichliche Merkwürdigkeit er war; mir blieb nur übrig, ihn auf eigenes Risiko zu rechter Zeit und auf geeignete Weise dem Publikum vorzuführen.

Ich mietete ein möbliertes Haus in der Graftonstraße im Westend, dem Zentrum der vornehmen Welt. Lord Brougham sowie ein halbes Dutzend hoher, adliger Familien und viel Landadel wohnten dort. Lord Galbot hatte das Haus mehrere Jahre vorher bewohnt. Aus dieser prachtvollen Wohnung verschickte ich meine Einladungskarten an die Herausgeber der Zeitschriften und an viele Notabilitäten und lud sie ein, den General zu besuchen. Die meisten kamen und waren hochbefriedigt. Sie wurden von meinem Bedienten, der eine reichverzierte und goldbetreßte Livree trug und nach englischer Sitte gepudert war, am Eingang empfangen.

In der ersten Woche unseres Aufenthaltes besuchte uns Herr Everett, der amerikanische Gesandte, an den ich Empfehlungsbriefe hatte. Wir aßen anderen Tages bei ihm, und seine Familie überhäufte General Thumb mit reichen Geschenken. Herr Everett versprach gütig, seinen Einfluß zu verwenden, daß Tom Thumb der Königin vorgestellt würde.

Einige Wochen später schickte die Baronin Rothschild ihren Wagen für uns. Ihr Palast in Piccadilly ist von einer hohen Mauer umgeben; nachdem wir das Tor passiert hatten, hielten wir vor dem Haupteingang. Hier wurden wir von einem halben Dutzend Diener empfangen, alle in Gala, in schwarzen Fräkken und seidenen Strümpfen, weißen Westen, Halsbinden und Handschuhen, kurz, im vollen Staat eines Gentleman. Ein alter Diener in Livree hatte einen mit Schnüren besetzten Rock und samtne Hosen an und eine weiße, gepuderte Lockenperücke auf dem Kopf. Die Halle war festlich erleuchtet. Wir wurden eine breite, mit herrlichen Statuen geschmückte Treppe aus weißem Marmor hinaufgeleitet und unsere Namen an der Tür des Gesellschaftszimmers von einem elegant gekleideten Diener, den ich unter anderen Umständen für ein Glied der Familie gehalten hätte, angekündigt.

Als wir eintraten, wurde mein Auge von einem Glanz geblendet, den ich unmöglich beschreiben kann. Die Baronin saß auf einer prachtvollen, mit großgeblümtem Seidendamast bezogenen Causeuse, während verschiedene Herren und Damen in vergoldeten Samtsesseln sich niedergelassen hatten. Zu beiden Seiten des Kamins standen in Nischen herrliche Marmorstatuen, daneben Glasschränke mit Vasen, Urnen und tausen-

derlei kunstvoll gearbeitete Dinge aus Gold, Silber und Edel-
steinen. Der große Tisch in der Mitte sowie einige kleinere
Tische, vergoldet oder aus Ebenholz, waren mit Kleinodien
aller Art überladen. Die Wände waren getäfelt und schwer vergoldet; die Vorhänge aus kostbarsten Stoffen. Die ungeheuren
Kandelaber und Lüster zu beschreiben, fehlen mir die Worte,
und ich muß mein gänzliches Unvermögen eingestehen, nur
annähernd ein Bild von dem Glanz zu geben, der die Frau des
reichsten Bankiers der Welt umgab.

Wir brachten dort ungefähr zwei Stunden zu. Etwa zwanzig
Herren und Damen waren anwesend. Als wir Abschied nahmen, wurde mir eine elegante, wohlgespickte Börse in die
Hand gedrückt, und ich kam zu der Überzeugung, daß der gol-
dene Regen zu fallen begann.

Darin täuschte ich mich auch nicht; dieselbe Szene wieder-
holte sich kurz darauf im Hause des Herrn Drummond, eines
anderen reichen Bankiers.

Ich mietete jetzt die Ägyptische Halle in Piccadilly, und
kaum daß ich meine einzigartige Sehenswürdigkeit angekündigt hatte, erfolgte ein gewaltiger Andrang von Besuchern, unter denen sich viele Repräsentanten des Reichtums und der
vornehmen Welt befanden.

Ich tat dies, weil ich keine Hoffnung hatte, bald der Königin
vorgestellt zu werden, indes verhalf mir Herrn Everetts gütige
Vermittlung dennoch zu meinem Ziel.

Ich war eines Morgens zum Frühstück zu ihm geladen und
traf dort Herrn Murray, Schriftsteller von Ruf und königlichen
Haushofmeister. Im Laufe des Gesprächs fragte er mich nach
meinen Plänen, und ich erwiderte, daß ich in Kürze nach dem
Kontinent abzureisen gedächte, es sei denn, ich dürfte hoffen,
den General der Königin vorstellen zu können, ein Ereignis,
das für mich von größter Bedeutung sein würde.

Herr Murray erbot sich gütigst, seinen Einfluß dafür zu verwenden, und bald darauf brachte ein Leibgardist, ein schlanker,

edel aussehender junger Mann, eine Einladung für General Tom Thumb und seinen Vormund, an einem bestimmten Abend im Buckingham-Palast zu erscheinen.

Mündlich wurde ich am nämlichen Tage auf Befehl der Königin von Herrn Murray angewiesen, den General vor Ihrer Majestät ohne jede Zeremonie wie vor jeder anderen Gesellschaft auftreten zu lassen, da die Königin wünschte, ihn natürlich und ohne jeden Zwang sich bewegen zu sehen.

Entschlossen, soviel wie möglich aus dieser Ehre herauszuholen, brachte ich an dem Eingang der Ägyptischen Halle ein großes Plakat an, daß die Halle heute geschlossen bleibe, da General Tom Thumb auf Befehl Ihrer Majestät in den Buckingham-Palast befohlen sei.

Im Palast angekommen, nahm mich der diensttuende Kammerherr ins Exerzitium, wie ich mich vor der Königin zu bewegen und zu benehmen hätte. Alle Fragen sollte ich durch ihn beantworten und nie direkt zu Ihrer Majestät sprechen. Beim Weggehen sollte ich rückwärts, mit dem Gesicht gegen Ihre Majestät gekehrt, abtreten; der erlauchte Lord führte mir die Art und Weise dieses Krebsganges praktisch vor. Man wird gleich sehen, wieviel ich von seinem Unterricht profitiert hatte.

Durch einen langen Korridor zu einer breiten Marmortreppe geleitet, wurden wir in die Gemäldegalerie geführt, wo sich Ihre Majestät, Prinz Albert, die Herzogin von Kent und zwanzig oder dreißig Hofdamen und Hofherren befanden. Sie standen im Hintergrund des Saales, als die Türen geöffnet wurden und der General wie eine aufgezogene Puppe hineintrippelte. Verwunderung und Interesse drückten sich im Gesicht Ihrer Majestät und ihres Gefolges aus, als dieses Atom der Menschheit, das man sich so klein wohl nicht vorgestellt hatte, auftauchte. Der General trat festen Schrittes vor, verbeugte sich graziös und rief: »Meine Damen und Herren, allerseits guten Abend!«

Ein allgemeines Lachen erwiderte die Begrüßung. Die Königin nahm ihn bei der Hand, führte ihn in der Galerie herum, fragte ihn vieles, und seine Antworten riefen immer wieder neues Gelächter hervor. Er flüsterte der Königin zu, ihre Gemäldesammlung sei »ersten Ranges« und er wünsche den Prinzen von Wales sehen zu dürfen. Die Königin erwiderte, er sei schon schlafen gegangen, er solle ihn jedoch ein anderes Mal sehen. Dann sang er, tanzte und machte seine Kunststückchen; und nach einem Gespräch mit Prinz Albert und allen Anwesenden, das über eine Stunde dauerte, entließ man uns.

Ehe ich zur Beschreibung unseres »Rückzuges« und der damit verbundenen Ereignisse komme, muß ich erwähnen, wie sehr ich gegen die Vorschriften des Kammerherrn handelte. Während Prinz Albert sich mit Tom beschäftigte, richtete die Königin mehrere Fragen über ihn und seine Lebensgeschichte an mich. Zwei, drei Fragen wurden der Etikette gemäß durch Vermittelung des Kammerherrn beantwortet. Aber dieser Umweg gefiel mir nicht. So erlaubte ich mir zum großen Schrekken des Kammerherrn, Ihrer Majestät direkt zu antworten. Sie schien meine Kühnheit nicht übelzunehmen, denn sie fragte mich noch dies oder jenes. Ich fühlte mich völlig unbefangen und konnte nicht umhin, ihre anmutige und ungekünstelte Art mit der Steifheit und Förmlichkeit der Neureichen in meinem Vaterlande und anderswo zu vergleichen. Die Königin war in schlichtes Schwarz gekleidet, ohne jeglichen Schmuck. In der Tat würde ein Fremder inmitten der reichgeschmückten Hofdamen sie am allerwenigsten für die Königin gehalten haben.

Der Kammerherr wurde durch meinen Abgang wohl wieder etwas versöhnt, denn ich folgte seiner Weisung auf das genaueste. Er, der Sache gewohnt, war mir in seinem Krebsgang voraus, aber selbst ich retirierte noch zu geschwind für unsere dritte Person. Der Weg bis zur Tür war ziemlich lang, und wenn sich der General allzu verlassen sah, drehte er sich um, lief einige Schritte in normaler Weise und nahm dann von neuem die »ehrerbietige Stellung« ein, bis er endlich unter der großen Belustigung der königlichen Gesellschaft die Tür erreicht hatte. In der Tat war das Ganze eine der schönsten Szenen, die ich je erlebt hatte. Allerdings geriet ob dieser gröblichen Verletzung der Hofsitte der Lieblingsbologneser der Königin in Zorn und bellte den General so wütend an, daß er heftig erschrak, sich aber sogleich wieder faßte und mit seinem kleinen Schwert ein scherzhaftes Gefecht mit dem Hunde begann, was die Heiterkeit der königlichen Zuschauer noch erhöhte.

Als wir im Vorzimmer wieder angekommen waren, erschien einer der Diener und erkundigte sich im Namen der Königin, ob der General unverletzt geblieben sei, »denn andernfalls«, so fügte der diensthabende Kammerherr hinzu, »könnte dies gefährlich werden und uns mit den Vereinigten Staaten in Krieg verwickeln«.

Die königliche Gnade war damit noch nicht erschöpft. Wir wurden in ein Appartement geleitet, wo man uns Erfrischungen anbot. Wir taten ihnen alle Ehre an, indes war ich mehr mit der Zukunft als mit der Gegenwart beschäftigt. Ich fürchtete, daß »die Vorstellung« des Generals im morgigen Hofjournale bloß flüchtig erwähnt werden könnte. Auf meine Erkundigung hin hörte ich, daß der Redakteur dieses Journals sich im Palast aufhalte. Ich ward ihm vorgestellt, und er willigte sofort ein, den Artikel so abzufassen, daß er Aufsehen erregen würde. Er wünschte sogar den Artikel von mir skizziert zu bekommen, und in der Tat fand ich meine Schilderung fast wörtlich abgedruckt.

Bei unserer abermaligen Vorstellung im königlichen Palast wurden wir im »gelben Salon« empfangen; so etwas von Pracht hatten wir noch nie gesehen. Wände und Möbel waren mit schwerem, gelbem Seidendamast bezogen; Vasen und Urnen waren im modernen Geschmack gehalten, und jedes Stück stellte eine Kostbarkeit dar. Die Decke war getäfelt, die massiven Gesimse schön geschnitzt und reich vergoldet. Tische und Pianos waren mit Gold eingelegt und mit Perlen von verschiedener Farbe verziert.

Wir wurden in das Prachtgemach gewiesen, ehe die Königin und ihr Gefolge das Speisezimmer verlassen hatten. Als sie eintraten, verbeugte sich der General ehrerbietig, bemerkte, daß er schon die Ehre gehabt habe, Ihre Majestät zu sehen, und sagte: »Dieses Zimmer ist schöner als die Galerie, dieser Leuchter ist recht hübsch.«

Die Königin nahm ihn lächelnd bei der Hand und sagte, sie hoffe, er befinde sich wohl.

»Ja, Madame«, antwortete er, »ich befinde mich vorzüglich.«

»General«, sagte die Königin, »das ist der Prinz von Wales.«

»Wie geht's, Prinz«, fragte der General, ihm die Hand schüttelnd. Neben ihm stehend, sagte er: »Der Prinz ist größer als ich; aber ich fühle mich doch so groß wie irgendeiner!« Und damit stolzierte er im Zimmer auf und ab wie ein Pfau, begleitet vom lauten Lachen aller Anwesenden.

Die Königin stellte dann die königliche Prinzessin vor, die er sogleich galant zu seinem kleinen eleganten Sofa geleitete, das wir mitgebracht hatten. Er nahm neben ihr Platz. Dann gab er seine gewöhnliche Vorstellung, und die Königin händigte ihm ein kostbares Souvenir ein, das sie besonders für ihn hatte anfertigen lassen, wofür er – sagte er – sehr dankbar wäre und welches er behalten würde, solange er lebte.

Die Königin von Belgien, Tochter Louis Philippes, war damals ebenfalls anwesend und fragte, wohin er ginge, wenn er London verließe?

»Nach Paris«, antwortete er.

»Wen denken Sie dort zu sehen?«

Jeder erwartete, ihn sagen zu hören: »Den König der Franzosen«, aber der kleine Bursche antwortete:

»In Paris hoffe ich Herrn Guillauden zu sehen.«

Beide Königinnen sahen mich fragend an, und als ich erklärte, Herr Guillauden sei mein französischer Naturforscher, der mir dorthin vorausgeeilt, lachten sie herzlich.

Beim dritten Besuch im Buckingham-Palaste war auch König Leopold von Belgien anwesend. Auch er zeigte sich hoch befriedigt. Königin Viktoria forderte den General zum Singen auf und fragte, welches Lied er am liebsten singe.

»Yankee-Doodle!« war die rasche Antwort, die allen, auch mir, überraschend kam. Als die Lustigkeit, die sie hervorgerufen, nachgelassen hatte, sagte die Königin heiter:

»Schön, General, das ist ein hübsches Lied, singen Sie es, wenn Sie wollen.«

Nachdem er es getan, wurden wir entlassen. Ich muß noch bemerken, daß nach jedem der drei Besuche bei Hof mir auf Befehl der Königin ein schönes »Douceur« zugestellt wurde. Das war jedoch der kleinste Nutzen, der mir aus diesen Vorstellungen erwuchs, was jedem einleuchten wird, der weiß, welchen Einfluß das Beispiel des Hofes in England auszuüben vermag.

Die englische Öffentlichkeit war jetzt in die gehörige Spannung versetzt. Den General Tom Thumb nicht gesehen zu haben war einfach unmöglich, und vom 20. März bis zum 20. Juli waren die »Empfänge« des kleinen Generals in der Ägyptischen Halle stets überfüllt; die Einnahmen beliefen sich durchschnittlich auf fünfhundert Dollar pro Tag, zuweilen war es noch beträchtlich mehr. Manchmal standen oft fünfzig bis sechzig Karossen des hohen Adels vor der Halle.

In allen illustrierten Zeitungen jener Zeit erschienen Abbildungen des kleinen Generals. Polkas und Quadrillen wurden nach ihm benannt und Gedichte zu seinem Lobe gemacht. Er war ein ständiges Thema für den Londoner »Punch«, der den General und mich so fein behandelte, daß er ohne Zweifel beträchtlich zu unseren Einnahmen beitrug.

Außer den täglichen drei Vorstellungen besuchte der kleine General wöchentlich drei bis vier Privatzirkel, wofür wir gewöhnlich acht bis zehn Guineen erhielten. Oft besuchten wir zwei Zirkel am selben Abend, und es war mehr Nachfrage als Angebot vorhanden.

Eines Mittags beschied die Königinwitwe den General nach Marlborough House. Er erschien in seiner Hoftracht: reichgesticktem braunem Rock von Seidensamt, kurzen Hosen, seidenen Strümpfen, gestickter Atlasweste, Schnallenschuhen, Perücke und Haarbeutel, den Hut unterm Arm und den Degen an der Seite.

»Ei, General«, sagte die Königinwitwe, »Sie sind heute aber fein herausgeputzt!«

»So ist es wohl«, sagte er herablassend.

Eine vornehme Gesellschaft war anwesend; der alte Herzog von Cambridge bot ihm eine Prise Schnupftabak an, die er dankend ablehnte.

Der General sang, tanzte und machte seine Späße zum größten Vergnügen der Anwesenden.

»Lieber kleiner General«, sagte die gutherzige Königinwitwe, ihn auf den Schoß nehmend, »ich sehe, Sie haben keine Uhr. Würden Sie mir erlauben, Ihnen eine solche mit Kette zu verehren?«

»Oh, das würde mir viel Freude machen«, sagte er mit glänzenden Augen.

»Ich will sie besonders für Sie bestellen«, sagte die Königinwitwe und beauftragte sogleich ihren Freund, Lord H., dafür Sorge zu tragen.

Einige Wochen später wurde er wieder nach Marlborough House beschieden, wo eine Anzahl Kinder des hohen Adels, mehrere von ihren Eltern begleitet, anwesend waren. Nach einigen artigen Worten schenkte ihm die Königinwitwe Adelaide eine schöne kleine Uhr und befestigte eigenhändig die Kette. Der kleine Bursche war entzückt und wußte kaum, wie er seine Dankbarkeit bezeugen sollte.

Nach der Vorführung all seiner Künste wurden wir entlassen, und sofort wurde die kleine Uhr sowie das Souvenir der Königin Viktoria mit gehörigen Überschriften unter Glasglocken in der Halle ausgestellt. Der Herzog von Wellington besuchte den General des öfteren. Das erstemal, da er anwesend war, stellte der General den Kaiser Napoleon dar und ging in tiefen Gedanken, hie und da eine Prise nehmend, auf der Bühne auf und ab. Ich stellte ihn dem »Eisernen Herzog« vor, der ihn nach dem Grund seines tiefen Sinnens fragte. »Ich habe an die verlorene Schlacht bei Waterloo gedacht«, erwiderte er sogleich. Diese schlagfertige Antwort wurde gehörig verbreitet und war allein tausend Pfund wert.

Wir hatten zu allen Theatern, öffentlichen Gärten und Unterhaltungsplätzen freien Eintritt und kamen oft mit den ersten Künstlern, Redakteuren, Dichtern und Schriftstellern des Landes zusammen.

Albert Smith war und ist einer meiner besonderen Freunde. Er schrieb ein Stück für den General, betitelt: »Hüpf auf meinen Daumen«, »Hop o' my Thumb«, welches mit großem Erfolg im Lyceum-Theater in London und auf mehreren Provinzbühnen gegeben wurde.

Wir waren über drei Jahre von Amerika abwesend, besuchten beinahe alle Städte in England und Schottland und überdies Belfast und Dublin in Irland.

Ebenso besuchten wir beinahe sämtliche Städte in Frankreich, dann Brüssel und mehrere Städte in Belgien, wo wir auch König Leopold und der Königin vorgestellt wurden.

In Paris hatten wir große Schwierigkeit, einen geeigneten Dolmetscher für des Generals öffentliche Vorstellungen zu finden. Wir probierten es mit ungefähr einem halben Dutzend, aber einer war unfähiger als der andere, da sie samt und sonders Engländer waren und ein so schlechtes Französisch sprachen, daß sie sicher ausgelacht worden wären. Zuletzt engagierte ich einen Franzosen, einen Lyzeumsprofessor, der zwar nur mittelmäßig Englisch sprach, aber doch bestes Französisch zu dolmetschen verstand. Zudem war er ein »vollkommener Gentleman«, und ich hatte einige Mühe, ihn zu überreden, da er für seine Würde fürchtete. Zuletzt aber überzeugte ich ihn, daß die Rolle eines Lehrers und Dolmetschers des Herrn Tom Thumb keine Erniedrigung sei. Er nahm also die Stelle an. An der belgischen Grenze angekommen, hatte er keinen Paß. Ich bemerkte daher: »Herr Pinte, Sie werden nie ein guter Schausteller werden, wenn Sie nicht lernen, an alles zu denken.«

»Halten Sie mich denn für einen Schausteller?« fragte er, offenbar in seiner Würde verletzt.

»Allerdings«, rief ich lachend. »Wir sind alle Schausteller, und Sie können davon keine Ausnahme machen.«

Der arme Bursche war vier Stunden lang in finsterer Stimmung. Seine Würde als Professor schien ein für allemal dahin zu sein, da er jetzt nichts anderes mehr war als ein wandernder Schausteller. Schließlich nahm er es ruhig hin, denn er war ein Philosoph. Einige Stunden später fragte er mich: »Herr Barnum, was sind die Eigenschaften eines guten Schaustellers?«

Ich antwortete lächelnd, das erste Erfordernis sei eine genaue Kenntnis der menschlichen Natur; außerdem müsse man es verstehen, das Publikum gehörig »einzuseifen«.

»Und was nennen Sie ›einseifen‹?« rief er lebhaft aus.

Ich sagte ihm, es sei die Fähigkeit, allen Leuten zu gefallen und ihnen in einer so feinen Weise zu schmeicheln, daß sie die eigentliche Absicht nicht durchschauen.

Im Zollhaus angekommen, fand man uns im Besitz einer großen Zahl von Denkmünzen, Büchern und Lithographien, die alle den General betrafen. Sie waren dem Zoll unterworfen; da ich davon eine ganze Menge unter die Zollbeamten verteilte, brachte ich das übrige zollfrei durch.

»Ist es das, was Sie unter ›Einseifen‹ verstehen?« fragte Pinte.

»Ganz recht!« antwortete ich.

Jenseits der Grenze kamen die Zugführer und Wagenschließer, die meine Freigebigkeit im Zollhaus miterlebt hatten, und baten ebenfalls um solche Münzen und Lithographien. Ich konnte sie ihnen natürlich nicht verweigern.

»Die Leute hier scheinen sehr schmutzige Hände zu haben, daß sie so oft ›eingeseift‹ werden müssen«, sagte Pinte lachend, der sich schnell mit seinem neuen Beruf ausgesöhnt hatte.

Nicht immer ging es bei der Zollabfertigung ohne Schwierigkeiten ab. In Courtrai, einer belgischen Grenzstadt, hatten wir uns der Durchsuchung und Besteuerung zu unterwerfen. Man verlangte den Eingangszoll für des Generals Karosse und Pferde; als ich ihnen schriftlich zeigte, daß die französische Douane sie zollfrei eingelassen hatte, taten sie ein Gleiches. Im Zollhaus zu Lille wurden die Ponys gemessen und genau beschrieben, damit wir beim Verlassen des Landes keine anderen mit uns führten. Als die schöne Equipage des Generals das Zollgebäude passierte und der Beamte den kleinen Kutscher und die Lakaien in Livree sah, fragte er ernsthaft, ob der General in seinem Vaterland ein Prinz sei.

»Allerdings«, sagte Sherman mit tiefem Ernste, »er ist Karl der Erste, vom Herzogtum Bridgeport im Königreich Connecticut.«

Der Zöllner verbeugte sich tief und nahm es für bare Münze.

Man kann sich leicht denken, daß ich bei unserer Rückkehr nach New York im Februar 1847 den in Europa errungenen Ruf Tom Thumbs sogleich ausbeutete. Er trat sofort im Museum auf, und vier Wochen lang war der Andrang der Besucher größer als je zuvor. Dann brachte er einen Monat in Bridgeport mit seinen Verwandten zu. Um dem Andrang der dortigen Besucher genügen zu können, trat er zwei Tage in Bridgeport auf und übergab die Einnahme, die mehrere hundert Dollar betrug, dem dortigen Wohltätigkeitsinstitut. Wie erfreut waren seine dortigen Bekannten, das »kleine Kerlchen« wiederzusehen! Damals, als er in den Straßen spielte, hatte gewiß niemand geahnt, welches Aufsehen er bei den gekrönten

Häuptern erregen sollte. Man fand, daß er seit seiner über vier-jährigen Abwesenheit zwar nicht gewachsen war, dafür aber scharfsinnig und witzig geworden sei, an feinen, fremden Manieren und angeborener Anmut zugenommen habe, kurzum, er gliche nicht mehr im mindesten dem kleinen, schüchternen Landbübchen von ehedem.

»Wir haben das Kerlchen nie für ein Wunderkind gehalten, als er noch bei uns war«, sagte einer der ehrenwerten Bürger, »aber jetzt, unter Barnums geschickter Hand, ist er eine große Sehenswürdigkeit geworden.«

»Wie alt seid Ihr, General?« fragte ihn ein Bekannter.

»Nach Herrn Barnums Rechnung fünfzehn«, sagte er lachend, wohl wissend, daß man hier sein wahres Alter – neun Jahre – kannte.

Nachdem der General einen Monat bei seiner Familie zuge-bracht hatte, wurde beschlossen, mit ihm eine Tournee durch die Vereinigten Staaten zu machen. Ich willigte ein, ihn auf ein Jahr für die Hälfte der Einnahmen zu begleiten. Wir gingen nach Washington, wo er im April 1847 auftrat und dem Präsi-denten Polk vorgestellt wurde; dann reisten wir über Richmond nach Baltimore und Philadelphia. In der letzteren Stadt nahmen wir in vierzehn Tagen fünftausendfünfhundertvierundneunzig Dollar ein. Von Philadelphia gingen wir nach Boston, Lowell und Providence, wo die Einnahme an einem Tage neunhundert-sechsundsiebzig Dollar betrug, während unsere täglichen Aus-gaben sich auf fünfundzwanzig bis dreißig Dollar beliefen. Wir besuchten New-Bedford, Fall-River, Salem, Worcester, Buffalo und auf unserer Rückkehr nach New York auch die Hauptorte am Hudson sowie New-Haven, Hartford und andere Orte.

In der letzten Maihälfte kam ich wieder zu Hause in Bridge-port an und war froh, meine Familie und meine Freunde bei guter Gesundheit anzutreffen. Die letzten dreizehn Jahre hatte ich meist auf Reisen verbracht und war darum doppelt froh, mir durch Arbeit und Fleiß ein hinreichendes Vermögen gesichert zu haben, so daß ich nun meine Tage im Schoße meiner Familie verbringen konnte. Ich war entschlossen, mich durch kein Geld mehr verlocken zu lassen, auf die nur im häuslichen Kreis zu findenden Freuden zu verzichten. Die Jahre 1848 und 1849 verbrachte ich hauptsächlich bei meiner Familie. Einen Teil meiner Zeit jedoch widmete ich dem Amerikanischen Museum und der Eröffnung eines neuen Museums in Philadelphia.

Im Oktober 1849 kam mir zum erstenmal die Idee, Jenny Lind nach Amerika zu bringen. Ich hatte sie früher nie singen hören; denn als sie nach London kam, war ich bereits vor einigen Wochen mit General Tom Thumb wieder abgereist. Aber ihr großer Ruhm bot mir genügend Garantie. Für gewöhnlich treffe ich meine Entschlüsse ganz spontan und habe es stets bestätigt gefunden, daß meine ersten Eindrücke immer die richtigsten waren. Wie ein Blitz durchfuhr mich der Gedanke, daß dieses Unternehmen, gut vorbereitet, mir ungeheuer viel Geld einbringen müßte, vorausgesetzt, daß es mir gelang, die »Schwedische Nachtigall« zu halbwegs vernünftigen Bedingungen zu gewinnen. Da es eine große Sache war, ließ ich sie mir mehrere Tage lang durch den Kopf gehen und gelangte immer wieder zu dem Resultat: ganz gewiß ein ungeheurer Erfolg.

Da ich wußte, wieviel davon abhinge, auf welche Weise man sie dem Publikum präsentierte, war ich mir über die Schwierigkeiten meiner Aufgabe völlig im klaren.

Möglicherweise konnten Umstände eintreten, die das Unternehmen mißlingen ließen. Das Publikum ist ein sehr seltsames Tier, und obwohl im allgemeinen den Vergnügungsproduzenten eine gute Menschenkenntnis dazu befähigt, es richtig anzupacken, so ist es doch launisch und eigensinnig. Ein kleiner Fehlgriff in einem öffentlichen Vergnügungsunternehmen verdirbt manchmal die besten Aussichten. Dies alles in Betracht ziehend, wollte ich folgendermaßen verfahren:

Es sind alle Chancen für einen ungeheuren pekuniären Erfolg gegeben; nun bin ich allerdings lange Zeit mit dem Namen »König Humbug« bedacht worden, und die Amerikaner mutmaßen, daß mein Talent nicht über die Ausstellung einer ausgestopften Affenhaut oder eines toten Meerweibchens hinausgeht. So muß ich fünfzigtausend Dollar riskieren, wenn ich das größte weibliche Gesangsphänomen auf der Höhe seines Lebens und seines Ruhmes hierherbringen will.

Ich nahm an, die obenerwähnte Summe würde zur Deckung aller eventuellen Verluste bei weitem ausreichen, und so begann ich nur nach dem richtigen Agenten Ausschau zu halten. Ihn wollte ich nach Europa schicken, um die »göttliche Jenny« zu gewinnen.

Der für diesen Zweck Geeignetste schien mir Herr John Hall Wilton, ein Engländer, zu sein, der kürzlich Amerika mit Saxophonspielern bereist hatte. In wenigen Minuten hatten wir ein Abkommen getroffen, das mich nur verpflichtete, ihm seine Auslagen zu bezahlen, falls seine Bemühungen erfolglos blieben, ihm aber für den Fall, daß er vermochte, Jenny Lind nach Amerika zu bringen, eine große Geldsumme zusicherte.

Am 6. November versah ich Wilton mit den nötigen Dokumenten einschließlich eines Briefes mit allgemeinen Instruktionen. Ich gab ihm außerdem Briefe mit, die ihn bei meinen früheren Bankiers, Gebrüder Baring und Comp. in London, und bei vielen anderen Freunden in England, Frankreich und so weiter einführten.

Im wesentlichen erstreckten sich meine sämtlichen Instruktionen für Wilton darauf, daß er Jenny möglichst auf Beteiligung engagieren solle, damit mein Risiko nicht zu groß sei, es wäre denn, daß er sie für hundert Abende um die Summe von sechzigtausend Dollar gewinnen könnte, welchen Modus ich dem der Beteiligung vorzog. Indessen ermächtigte ich ihn, falls es nicht anders ginge, sie für hundertfünfzig Abende um die Summe von einhundertfünfzigtausend Dollar samt all ihren Auslagen einschließlich Dienerschaft, Wagen, Sekretär und so weiter sowie dreier mitwirkender und von ihr zu wählender Musiker zu engagieren. Wenn nötig, war ich auch bereit, den ganzen in dem Kontrakt genannten Betrag bei einem Londoner Bankhaus zu hinterlegen, ehe Jenny Lind die Reise antrat.

Wilton begab sich nach London und begann von dort mit Fräulein Lind, die damals auf dem Kontinent weilte, zu korrespondieren. Dabei erfuhr er, daß sie, falls ein Amerikabesuch überhaupt in Betracht käme, von Herrn Julius Benedict, dem ausgezeichneten Komponisten, Pianisten und Musikdirektor, begleitet werden müßte. Außerdem war sie der Meinung, daß Signor Belletti, der schöne Bariton, eine wesentliche Hilfe bedeuten würde. Wilton ging daher sogleich zu Herrn Benedict und Signor Belletti, die beide sich in London aufhielten, und erfuhr nach mehreren Zusammenkünften die Bedingungen, unter denen sie bereit waren, mit Fräulein Lind nach Amerika zu gehen. Darauf begab er sich sofort nach Lübeck, um wenn möglich persönlich mit Fräulein Lind zu verhandeln. Im Hotel angekommen, schickte er ihr seine Karte mit der Bitte, ihm eine Stunde für eine Zusammenkunft zu bestimmen. Sie schlug ihm den nächsten Morgen vor, und er war pünktlich zur Stelle.

Im Verlauf der ersten Unterredung teilte sie ihm in aller Offenheit mit, sie habe während der gegenseitigen Korrespondenz an Freunde in London, auch meinen Freund Herrn Joshua Bates vom Bankhaus Gebrüder Baring, geschrieben und sich hinsichtlich meines Charakters, Talents und Vermögens erkundigt; alle Auskünfte hätten befriedigend gelautet. Sie unterrichtete ihn jedoch, daß sich im Augenblick vier Personen bemühten, sie zu einer Amerikatournee zu gewinnen. Der eine dieser Herren war ein wohlbekannter Opernunternehmer in London; der andere ein Theaterunternehmer in Manchester, der dritte ein Komponist und Leiter des Hofopernorchesters in London und der vierte ein Mann, der einige Jahre vorher eine berühmte Tänzerin nach Amerika gebracht und sehr viel Erfolg damit gehabt hätte. Mehrere dieser Herren hatten sie persönlich besucht, und der Letztgenannte habe sie bei Nennung meines Namens gewarnt, ein Engagement mit mir einzugehen, da ich ein Betrüger und Schausteller sei, dem es nur darum ginge, soviel Geld wie möglich herauszuschlagen.

Hiervon etwas beunruhigt, hätte sie an Herrn Bates geschrieben und von diesem viel Gutes über mich gehört.

»Da alle, die mit mir unterhandeln, daran festhalten, daß ich am Gewinn wie am Verlust beteiligt bin, so ziehe ich es vor, mit Ihnen zu verhandeln, da Ihr Chef willens ist, das ganze Risiko zu tragen.«

Es fanden noch mehrere Zusammenkünfte statt, wobei sie Herrn Wilton von den finanziellen Forderungen der Herren Benedict und Belletti, falls das Übereinkommen abgeschlossen würde, in Kenntnis setzte, und im Lauf einer Woche waren alle die Punkte und Bedingungen vereinbart, unter welchen sie bereit war, ein Abkommen zu treffen.

Ich war in meinem Museum in Philadelphia, als Wilton am 19. Februar 1850 in New York ankam. Er ließ mich sofort telegrafisch wissen, daß er mit Jenny Lind abgeschlossen habe, und sie werde mit ihren Konzerten in Amerika nächsten September beginnen. Ich war über diese plötzliche Nachricht nicht wenig überrascht, und da ich es für angeraten hielt, die Sache noch zunächst geheimzuhalten, telegrafierte ich sofort zurück: »Niemandem davon etwas erwähnen. Erwartet mich morgen in New York.«

Wenn man bedenkt, wie sehr nun Jenny Lind in Amerika und in der ganzen gebildeten Welt in aller Munde ist, kann man es nur schwer begreifen, daß sie zur Zeit, wo das Engagement getroffen wurde, auf dieser Seite des Ozeans verhältnismäßig noch unbekannt war. Nur ein kleiner Teil des Publikums war in der Tat von ihren großen Triumphen in der Alten Welt unterrichtet, und dieser Teil beschränkte sich fast gänzlich auf Musikbegeisterte oder Reisende, die in Europa gewesen waren.

Den nächsten Morgen eilte ich nach New York. Bei meiner

Ankunft in Princeton begegneten sich die Züge, und indem ich mir ein Morgenblatt kaufte, las ich zu meinem größten Erstaunen und Ärger einen vollständigen Bericht über meine Abmachung mit Jenny. Diese vorzeitige Ankündigung konnte jedoch nicht widerrufen werden, und ich mußte gute Miene zum bösen Spiel machen. Begierig, zu erfahren, wie diese Mitteilung von der Öffentlichkeit aufgenommen wurde, setzte ich den mir gut bekannten Schaffner davon in Kenntnis, daß ich Jenny Lind engagiert hätte und sie Amerika im kommenden August besuchen würde.

»Jenny Lind? Ist das eine Tänzerin?« fragte der Schaffner.

Ich unterrichtete den ehrenwerten Herrn, wer und was sie sei, aber bei seiner Frage lief mir eine Gänsehaut über den Rücken. Wenn das alles ist, was ein Eisenbahnschaffner zwischen Philadelphia und New York von der größten Sängerin der Welt weiß, dann reichen niemals sechs Monate dazu, um alle Leute über sie zu unterrichten.

Ich hatte dann eine Zusammenkunft mit Wilton und erfuhr dabei von ihm, daß es gemäß der Vereinbarung erforderlich wäre, die ganze festgesetzte Summe von einhundertsiebenundachtzigtausendfünfhundert Dollar bei einem Londoner Bankier zu deponieren. Ich beschloß augenblicklich, den Kontrakt zu ratifizieren, und sandte umgehend die nötigen Dokumente an Fräulein Lind und die Herren Benedict und Belletti.

Hierauf bereitete ich das Publikum durch die Zeitungen auf die bevorstehende Ankunft der großen Sängerin vor. Auf welche wirkungsvolle Weise das geschah, zeigt ein Auszug aus meinem offenen Brief vom 22. Februar 1850 an die New Yorker Zeitungsleser. ☞

Bald sprach man überall von Jenny Lind; mir war viel daran gelegen, ein gutes Porträt von ihr zu bekommen. Durch einen glücklichen Zufall bot sich mir eine günstige Gelegenheit. Eines Tages, während ich im Büro meines Museums saß, näherte sich mir ein Ausländer mit einem Päckchen unter dem

Arm. Er erklärte mir in gebrochenem Englisch, daß er ein schwedischer Künstler sei und eben aus Stockholm käme, wo Jenny Lind so gütig war, ihm einige Male zu sitzen; das damals entstandene Bild habe er bei sich. Er öffnete das Päckchen und zeigte mir ein schönes Porträt der Schwedischen Nachtigall in einem eleganten Goldrahmen. Das war gerade, was ich brauchte. Sein Preis betrug fünfzig Dollar. Ich kaufte es sogleich. Als ich es einem kunstverständigen Freund zeigte, erklärte er mir lakonisch, es handele sich hier um eine billige Lithographie, die man auf eine Zinnplatte geklebt, gefirnißt und dann einem Laien wie mir als ein Original aufgehängt habe.

Nachdem ich alle meine verfügbaren Gelder zusammengescharrt hatte, um sie in Wertpapieren nach London zu schikken, fand ich, daß noch eine beträchtliche Summe fehlte. Ich hatte einige zweite Hypotheken, die ganz gut waren, aber ich konnte sie in Wallstreet nicht flüssigmachen. Ich ging zu dem Präsidenten der Bank, mit der ich in den letzten acht Jahren

Vielleicht werde ich aus diesem Unternehmen nichts herausschlagen; aber ich versichere Ihnen, wäre ich auch gewiß, nicht einen Penny zu verdienen, würde ich dennoch den Kontrakt unterschreiben; denn ich fühle die heilige Verpflichtung, eine Frau nach den Vereinigten Staaten zu holen, deren musikalische Größe noch von keinem anderen menschlichen Wesen erreicht wurde und deren Charakter die personifizierte Menschenfreundlichkeit, Einfachheit und Güte ist. Fräulein Lind hat viel bessere Anträge erhalten als den meinigen; aber sie brennt darauf, Amerika kennenzulernen. Sie spricht von diesem Land und seinen Institutionen in den höchsten Ausdrücken des Lobes und ist entschlossen, uns zu besuchen, weil Geld durchaus nicht den größten Reiz für sie hat. In ihrem Kontrakt mit mir, der auch Havanna einschließt, behält sie sich ausdrücklich vor, Wohltätigkeitskonzerte zu geben, wenn immer sie es für richtig hält. Seit ihrem Debut in England hat sie den Armen aus ihrer Privatbörse einen weit höheren Betrag gespendet als die Summe, die ich ihr zugesichert habe; und die Einnahmen der Konzerte, die sie für wohltätige Zwecke in England gab, stellten ein Zehnfaches dieses Betrages dar.

alle Geschäfte abgewickelt hatte. Ich bot ihm als Sicherheit für ein Darlehen meine zweiten Hypotheken an und schlug ihm als weitere Sicherheit vor, ihm meinen Kontrakt mit Jenny Lind zu verpfänden, unter der schriftlichen Garantie, daß er auf meine Kosten einen Kassierer bestelle, der alle Gelder, die über dreitausend Dollar hinaus per Abend eingenommen würden, einbehalten und zum Ausgleich meines Darlehens an die Bank abführen sollte.

Er lachte mir ins Gesicht und sagte: »Herr Barnum, es wird in der Wallstreet allgemein angenommen, daß Ihr Engagement mit Jenny Lind Sie ruinieren wird. Ich kann nicht glauben, daß Sie in einem Konzert dreitausend Dollar einnehmen.«

Ich war über diesen Mangel an Urteil entrüstet und antwortete ihm, daß ich in diesem Augenblick meinen Kontrakt nicht um einhundertfünfzigtausend Dollar abtreten würde; und so war es in der Tat.

Endlich wurde ich bei Herrn J. L. Aspinwall, von der Firma Howland & Aspinwall, eingeführt. Er gab mir gegen Extrasicherheiten einen Kreditbrief über eine bedeutende Summe an das Bankhaus Baring.

Nachdem ich noch einige Besitztümer gegen bar verkauft hatte, summierte ich die verschiedenen Beträge und stellte fest, daß mir noch fünftausend Dollar fehlten. Ich fühlte, daß es in der Tat »der letzte Schlag war, der des Kamels Rücken bricht«. Aber ein Geistlicher, dem ich meine verzweifelte Lage bekannte, stellte mir sofort das nötige Geld zur Verfügung.

Nunmehr konnte der Vertrag mit Jenny Lind zum Abschluß gebracht werden. Auf meine Bitte gab sie am Abend vor ihrer Abreise nach Amerika zwei Konzerte in Liverpool. Meine Absicht war, durch einen Begeisterungssturm auf der andern Seite des Atlantiks die hochgespannten Erwartungen bei uns noch zu steigern.

Für das erste der beiden Liverpooler Konzerte hatte sich mein Agent die Dienste eines Londoner Musikkritikers gesichert, der seinen Bericht über das Konzert um ein Uhr nachts beendete; um zwei Uhr ließ mein Agent diesen Artikel in ein Liverpooler Morgenblatt einrücken und sandte mir die Abzüge durch den am gleichen Tag abgehenden Dampfer. Der Abdruck dieser Kritik in den amerikanischen Blättern tat die gewünschte Wirkung.

Am 21. August 1850 reisten Jenny Lind und die Herren Benedict und Belletti auf der »Atlantik« von Liverpool ab. Sie waren von meinem Agenten Wilton, Fräulein Ahmansen und Herrn Hjortzberg, Geschwisterkindern Fräulein Linds, letzterer zugleich ihr Sekretär, sodann von zwei Dienstboten und dem Diener der Herren Benedict und Belletti begleitet.

Man erwartete die Ankunft des Dampfers Sonntag, den 1. September. Ich wollte aber die Sängerin gleich bei Betreten des amerikanischen Bodens begrüßen und begab mich deshalb schon Samstagabend nach Governors Island und schlief im Haus meines Freundes Dr. A. Sidney Doane, der zu jener Zeit Hafenarzt war. Am Sonntag kurz vor zwölf Uhr kam die »Atlantik« in Sicht, und unmittelbar darauf war ich durch die Güte meines Freundes Doane am Bord des Schiffes und ergriff Jenny Linds Hand.

Nach einigen Worten der Begrüßung fragte sie mich, wann und wo ich sie singen gehört hätte.

»Ich habe bisher weder das Vergnügen gehabt, Sie zu sehen noch Sie zu hören«, erwiderte ich.

»Wie ist es möglich, daß Sie so viel Geld an jemand wagen, den Sie nie singen gehört haben?« fragte sie überrascht.

»Ich wagte es auf Ihren Ruhm hin, dem ich auf dem Gebiet der Musik mehr vertrauen möchte als meinem eigenen Urteil«, antwortete ich.

Tausende von Menschen bevölkerten die Schiffe und Hafendämme, und weitere Tausende hatten sich am Landungsplatz bei der Chancielstraße versammelt, um Jenny Lind zu sehen. Ein regelrechter Begeisterungssturm brach los, als der herrliche Dampfer sich dem Pier näherte. Das Gedränge auf einer Schaluppe in der Nähe des Ankerplatzes war so groß, daß ein Mann vor lauter Eifer, alles zu sehen, unter Schreckensschreien der Umstehenden über Bord fiel. Er wurde indessen schnell herausgezogen. Zwei Triumphbogen, von flaggenverzierten Bäumen umgeben und mit Transparenten versehen, worauf »Willkommen, Jenny Lind!« und »Willkommen in Amerika!« zu lesen stand, hatte man am Pier errichtet. Mein Privatwagen stand bereit, und Jenny Lind wurde vom Kapitän West zu demselben geführt. Ich selbst nahm auf dem Bock neben dem Kutscher Platz und dirigierte den Wagen nach dem Irving-Hause.

Innerhalb von zehn Minuten nach unserer Ankunft im Irving-Hause hatten sich etwa zehntausend Personen am Eingang des Broadway versammelt, die nicht vor neun Uhr abends wichen. Auf Jennys Wunsch speiste ich mit ihr zu Mittag, und als sie nach europäischer Sitte sich anschickte, mich zu einem Glas Wein zu verführen, war sie etwas erstaunt über meine Antwort: »Fräulein Lind, ich glaube kaum, daß ich Ihnen irgendeine Gefälligkeit, die Sie von mir erbitten, nicht mit größtem Vergnügen erweisen würde; aber ich bin ein Mäßigkeitsapostel und muß mir die Erlaubnis erbitten, auf Ihr Wohl und Ihre Gesundheit mit einem Glas Wasser zu trinken.«

Um zwölf Uhr nachts brachte ihr die »New Yorker Musikalische Gesellschaft«, die mit zweihundert Musikern erschienen war, ein Ständchen. Sie waren von ungefähr dreihundert Feuerwehrmännern in ihren hochroten Hemden mit Fackeln nach dem Irving-Haus begleitet worden. Wenigstens zwanzigtausend Menschen waren zugegen. Das Rufen nach Jenny Lind war so ungestüm, daß ich sie bitten mußte, auf den Balkon zu treten. Das laute Beifallgeschrei der Masse dauerte mehrere Minuten; dann erst konnte die Serenade wieder fortgesetzt werden.

Der Jubel und Trubel des ersten Tages hielt wochenlang unvermindert an. Ihre Zimmer waren überschwemmt von Besu-

chern, unter denen sich auch kirchliche und staatliche Wür-
denträger befanden. Man überhäufte sie mit Geschenken aller
Art. Modehändler, Mantillenfabrikanten und Kaufleute über-
boten einander, Jennys Aufmerksamkeit auf ihre Waren zu lenken; sie schickten ihr die schönsten Modelle zu, überfroh,
wenn sie die schriftliche Bestellung der Sängerin darauf erhielten. Lieder, Quadrillen und Polkas wurden ihr gewidmet, und
Dichter besangen ihren Ruhm. Es gab Jenny-Lind-Hand-
schuhe, Jenny-Lind-Hauben, Jenny-Lind-Reithüte, Jenny-
Lind-Shawls, Mantillen, Kleider, Stühle, Pianos – alles trug den
Namen Jenny Lind.

Auf Schritt und Tritt wurde sie beobachtet, und sobald ihr
Wagen vor irgendeinem Hause hielt, wurde er von einer Men-
schenmenge umlagert, die begierig war, einen Blick auf die
Schwedische Nachtigall zu werfen.

Wenn ich New Yorker Zeitungsartikel aus jener Zeit durch-
blättere, so scheint es mir ganz unglaublich, daß man damals
wegen einer Sängerin so aus dem Häuschen geraten konnte.

Jenny Linds erstes Konzert sollte am 11. September im
Castle-Garden stattfinden; die Mehrzahl der Eintrittskarten
wurde vorher gegen Höchstgebot versteigert.

Am Dienstag nach ihrer Ankunft unterrichtete ich Fräulein
Lind, daß ich eine kleine Abänderung in unserem Kontrakt zu
machen wünschte. »Worin soll diese bestehen?« fragte sie
überrascht.

»Ich bin überzeugt«, erwiderte ich, »daß unser Unternehmen sich erfolgreicher gestalten wird, als wir beide angenommen haben. Ich möchte daher die Abmachung zwischen uns
treffen, daß Sie nicht nur tausend Dollar für jedes Konzert, wie
ausgemacht worden, erhalten, sondern außerdem die Hälfte
eines eventuellen Überschusses, nachdem ich für Unkosten
und Arbeit fünftausendfünfhundert Dollar pro Abend abgezogen habe.«

Erstaunt sah mich Jenny an. Mein Angebot war ihr unbegreiflich. Nachdem ich ihr nochmals alles erklärt und sie mich verstanden hatte, nahm sie mich herzlich bei der Hand und rief: »Herr Barnum, Sie sind ein Ehrenmann. Es ist so, wie mir Herr Bates gesagt hat. Ich will für Sie singen, solange Sie wollen. Ich will für Sie singen in Amerika – in Europa – überall.«

Beim Aufsetzen des Kontrakts wurde auf Jenny Linds Wunsch die Bedingung aufgenommen, daß sie das Recht haben sollte, gegen die Bezahlung von fünfundzwanzigtausend Dollar die Tournee statt mit dem hundertfünfzigsten mit dem einhundertsten Konzert zu beschließen, falls sie es wünschen würde.

Man braucht nicht anzunehmen, daß die Erhöhung ihrer Gage nur meiner Großmut entsprang. Ich wußte nur, daß dieses Unternehmen mehr Geld als genug für uns alle abwerfen würde, und fürchtete deshalb, neidische Leute könnten versuchen, Jenny Lind gegen mich unzufrieden zu stimmen; und so hielt ich es für das klügste, dieser Möglichkeit vorzubeugen.

Am 10. September unterrichtete ich Fräulein Lind, daß höchstwahrscheinlich ihr Anteil an der Einnahme des ersten Konzertes sich auf zehntausend Dollar belaufen würde. Sie beschloß sogleich, diese Summe wohltätigen Zwecken zuzuführen.

Meine Vorkehrungen für das Konzert waren sehr umfangreich. Das große Parterre und die große Galerie im Castle-Garden wurden in vier Platzgruppen eingeteilt und jede mit einer Lampe von besonderer Farbe gekennzeichnet. Die Eintrittskarten wurden in der Farbe des jeweiligen Platzes, den der Konzertbesucher einzunehmen hatte, gedruckt, und hundert Platzanweiser, mit Rosetten und bebänderten Stäben von der gleichen Farbe wie die Karten, halfen jedem einzelnen, mühelos seinen Platz zu finden. Um ein Gedränge zu vermeiden, wurden die Türen bereits um fünf Uhr geöffnet, obwohl das Konzert erst um neun Uhr anfing. Dies hatte zur Folge, daß das Kommen der fünftausend Konzertbesucher sich in solcher

Ordnung und Ruhe vollzog, wie es kaum bei einer kirchlichen Veranstaltung zu beobachten ist. Auch alle künftigen Konzerte habe ich auf diese Weise arrangiert.

Die Begeisterung, mit der Jenny Lind bei ihrem ersten Auftreten in Amerika begrüßt wurde, übertraf alles bisher Dagewesene. Als Herr Benedict sie an die Rampe der Bühne führte, erhob sich das gesamte Auditorium und bewillkommnete sie mit drei Hochrufen, die von Hut- und Taschentücherschwenken begleitet waren. Es war eine bei weitem größere Zuhörerschaft, als Jenny Lind sie je gehabt hatte. Sie war offenbar sehr ergriffen, aber das Orchester begann, und ehe sie ein Dutzend Töne der »Casta-Diva-Arie« aus »Norma« gesungen hatte, gewann sie ihre Selbstbeherrschung wieder. Der Schluß der Arie ging in einem Beifallssturm unter. Das musikalische Talent Jenny Linds übertraf alle gehegten Erwartungen, und ihr Triumph war vollkommen.

Am Ende des Konzerts wurde Jenny Lind laut herausgerufen und war genötigt, dreimal zu erscheinen, ehe das Publikum zufriedengestellt war. Auch der Name »Barnum« wurde laut geschrien, und nur sehr widerstrebend trat ich schließlich auf die Bühne.

Anfänglich hatte ich befürchtet, die Erwartungen des Publikums wären zu hoch getrieben worden, um befriedigt zu werden, und daß demzufolge nach dem ersten Konzert eine Reaktion eintreten würde; glücklicherweise aber wurde ich aufs angenehmste enttäuscht. Der Genius der Schwedischen Nachtigall ließ selbst die kühnsten Vorstellungen hinter sich, und der Enthusiasmus erreichte erst seinen höchsten Grad, nachdem man sie gehört hatte. Man geriet in Ekstase, und keine Feder reichte aus, ihrem Talent das rechte Lob zu zollen. Das Jenny-Lind-Unternehmen hatte einen so erfolgreichen Beginn gehabt, wie man ihn nur wünschen konnte. Ich glaube, es gab nach ihrem ersten Konzert Hunderte von Leuten in New York, die mir mit Freuden zweihunderttausend Dollar für meinen

Kontrakt gegeben hätten. Aber ich hatte das Wagnis unternommen, und so sollte auch der Triumph mir gehören.

Niemand kann sich wohl eine Vorstellung davon machen, was ich an geistiger und körperlicher Arbeit in den ersten vier Wochen nach Jenny Linds Ankunft zu leisten hatte.

Nach Ablauf des ersten Monats kam in das Unternehmen etwas mehr Ordnung, und einige tüchtige Mitarbeiter erleichterten mir meine Arbeit bedeutend. Dennoch hatte ich von dem ersten Konzert am 11. September 1850 bis zu dem dreiundneunzigsten Konzert am 9. Juni 1851, also während neun Monaten, kaum einen Augenblick, der nicht von drückenden Geschäftssorgen belastet gewesen wäre.

Ich konnte nicht erwarten, daß mir all die Mühen erspart blieben, wie sie die Leitung eines Unternehmens, das völlig von der öffentlichen Gunst abhängig ist, mit sich bringt; aber ich hatte nicht mit der Unmenge kleiner Verdrießlichkeiten gerechnet, von denen ich besonders in der ersten Zeit der Tournee behelligt wurde. Die ungeheure Begeisterung, die niemand hatte vorausahnen können, und die damit verbundenen Erfolge riefen naturgemäß Neider auf den Plan, die Jenny einflüsterten: »Sehen Sie nicht, Fräulein Lind, daß Barnum aus Ihrem Genie Geld herausschlägt?« Natürlich sah sie es und bedauerte vielleicht, daß sie nicht mehr als tausend Dollar pro Konzert gefordert hatte; aber die hochherzige Schwedin wies mit Abscheu jegliches Ansinnen zurück, das ihr zum Kontraktbruch riet, um die Tournee auf eigene Rechnung und Gefahr durchzuführen.

Meine Aufgabe als Direktor bestand nicht zuletzt darin, andere für unsere Sache arbeiten zu lassen. Lebensbeschreibungen der Schwedischen Nachtigall wurden überall verbreitet; »Die Auslands-Korrespondenz« verherrlichte ihre Triumphe, und Druckerschwärze wurde in reichsten Mengen dazu verwendet, jedermann mit Jenny Lind bekannt zu machen.

Es ist nicht meine Absicht, auf die Konzerte im einzelnen

einzugehen. Ich will hier nur einige Vorfälle erwähnen, die, wie ich glaube, für das Publikum die interessantesten sind.

Jenny wünschte, an den Orten, wo sie singen sollte, immer unbemerkt anzukommen, um auf diese Weise den Ovationen der Menge zu entgehen. Meiner Ansicht nach hing jedoch der Erfolg des Unternehmens entscheidend von der Anteilnahme der Öffentlichkeit ab. Obgleich es ihr häufig unbegreiflich schien, wie so viele Tausende ihre streng geheimgehaltene Ankunft entdeckt und sich zu ihrer Begrüßung eingefunden hatten, so war ich keineswegs darüber erstaunt, da mein Agent rechtzeitig alle unterrichtet hatte.

Bei der Ankunft in Philadelphia drängten sich die Leute an der Landungsstelle. Mit Müh und Not entkamen wir der Menge. Tausende folgten uns zu Jones Hotel; die ganze Straße war voller Menschen, und das arme, an heftigem Zahnweh leidende Fräulein Lind zog sich in ihre Gemächer zurück. Ich bat die Leute, sich doch fortzubegeben; aber sie erklärten, sie würden nicht eher weichen, als bis Jenny Lind sich auf dem Balkon gezeigt hätte. Da ich sie nicht stören wollte, bewog ich ihre Gesellschafterin, Fräulein Ahmansen, sich mit Jennys Hut und Schal angetan auf den Balkon zu begeben. Sie verneigte sich anmutig gegen die Menge, die ihr ein herzliches Hoch ausbrachte und sich dann zerstreute.

Meine Tochter Caroline und ihre Freundin, Fräulein Lyman von Bridgeport, begleiteten mich auf der Reise von New York nach Havanna und wieder zurück über New Orleans und den Mississippi.

An einem Sabbat befanden wir uns gerade in Baltimore, und meine Tochter ging mit einer in der Stadt wohnenden Freundin in die Kirche, wo sie mit ihr auf dem Chor Platz nahm und in den Gesang mit einstimmte. Ein Teil der Gemeinde hatte Caroline tags zuvor mit mir gesehen und hielt sie für Jenny Lind; bald raunte man sich in der ganzen Kirche zu, daß Jenny Lind auf dem Chor wäre. Die Spannung stieg auf den Siedepunkt, als meine Tochter sich erhob, wie wenn sie ein Mitglied des Kirchenchores wäre. Jedes Ohr lauschte gespannt, um die ersten Klänge ihrer Stimme aufzufangen, und als dieselben ertönten, durchlief ein bebendes Entzücken die ganze Versammlung. Caroline, die von alledem nichts bemerkte, sang das Lied ruhig zu Ende. Nicht eine Note ging den aufmerksamen Ohren der Gemeinde verloren. »Welch eine vortreffliche Sängerin!«, »Göttliche Töne!«, »Noch nie habe ich so etwas gehört!« und ähnliche Ausrufe wurden vernehmbar. Nach Schluß des Gottesdienstes fanden meine Tochter und ihre Freundin den Weg zu ihrem Wagen von einer Menschenmenge versperrt, die sich die Schwedische Nachtigall aus nächster Nähe betrachten wollte. Wiewohl sie bald den Grund der Aufregung erriet, wollte sie die Leute nicht enttäuschen. So brüsteten sich nachmittags viele damit, dem herrlichen Gesang der großen schwedischen Sängerin gelauscht zu haben.

In New York hatte unser Orchester aus sechzig Mitgliedern bestanden. Als wir unsere Tournee nach dem Süden antraten, nahmen wir nur zwölf der besten Musiker mit und erhöhten in New Orleans ihre Zahl auf sechzehn. War es notwendig, vergrößerten wir die Zahl auf fünfunddreißig, vierzig und fünfzig. Nach unserer Rückkehr von Havanna nach New York erweiterten wir unser Orchester auf hundert Mitglieder.

Am Morgen nach unserer Ankunft in Washington besuchte Präsident Fillmore Jenny Lind und ließ seine Karte zurück, da sie ausgegangen war. Als sie nach Hause kam und das Zeichen seiner Aufmerksamkeit gewahr wurde, geriet sie in einige Unruhe.

»Kommen Sie«, sagte sie, »wir müssen gleich dem Präsidenten einen Besuch abstatten.«

»Warum denn?« fragte ich.

»Weil er mich besucht hat, und das ist doch soviel wie ein Befehl, mich in seine Wohnung zu begeben.«

Ich versicherte ihr, daß sie sich nicht zu beeilen brauchte; es genügte völlig, wenn sie seinen Besuch am nächsten Tag erwidern würde. Sie folgte meinem Rat und war entzückt über das schlichte Benehmen des Präsidenten und über die Herzlichkeit seiner Frau und seiner Tochter.

Die Reise von Wilmington nach Charleston war außerordentlich unbequem und gefahrvoll. Wir brauchten ungefähr sechsunddreißig Stunden zur Überfahrt, während sie gewöhnlich nur sechzehn Stunden dauert. Der Dampfer drohte zu versinken, und es bestand wenig Aussicht, daß wir den Hafen von Charleston lebendig erreichten. Jenny Lind legte bei dieser Gelegenheit mehr Kaltblütigkeit an den Tag als irgendeiner der anderen Passagiere. Zuweilen, wenn eine starke Woge gegen das Schiff anrollte und es sich auf die Seite legte, erschrak sie, faßte sich aber gleich wieder und sagte mit gedämpfter Stimme: »Ein gütiger Vater wacht über uns allen; sein Wille möge geschehen.« Endlich erreichten wir heil den Hafen; man hatte schon mit dem Verlust des Dampfers gerechnet und die Nachricht hiervon überallhin telegrafiert.

Weihnachten war nahe, und Jenny beschloß, das Fest wie in Schweden zu feiern. Sie hatte insgeheim einen schönen Weihnachtsbaum geputzt, an dessen Zweigen mannigfaltige Geschenke für die ganze Truppe hingen. Diese Geschenke waren in Papier eingewickelt, auf dem der Name der Empfänger geschrieben stand.

Der Silvesterabend wurde in ihrer Wohnung in großer Fröhlichkeit verbracht. Die Stunden, mit Musik, Gesang, Tanz und Geschichtenerzählen angefüllt, vergingen wie im Flug. Fräulein Lind fragte mich, ob ich nicht mit ihr tanzen wollte. Ich sagte ihr, daß meine Erziehung in dieser Hinsicht vernachlässigt worden wäre und ich nie in meinem Leben getanzt hätte.

»Desto besser«, sagte sie. »Tanzen Sie den Kotillon mit mir, ich weiß gewiß, Sie können ihn tanzen.« Jenny war eine ausgezeichnete Tänzerin, und ich sah sie nie herzlicher lachen als über meine Ungeschicklichkeit. Sie bemerkte dann, daß ich der schlechteste Tänzer wäre, den sie je gesehen hätte.

Ungefähr ein Viertel vor zwölf Uhr tat Jenny unserer Heiterkeit Einhalt und sagte: »Bitte, lassen Sie uns jetzt ganz still sein, noch fünfzehn Minuten, und das Jahr ist für immer dahin!«

Sie setzte sich nieder und stützte schweigend den Kopf auf ihre Hand. Wir alle folgten ihrem Beispiel, und während einer Viertelstunde herrschte im Zimmer das tiefste Schweigen.

Ich hatte in New York mit einem Mann abgemacht, er solle eine vollständige Wohnungseinrichtung nach Havanna schaffen und ein Haus damit ausstatten, damit Jenny Lind samt ihren Leuten während der Zeit unseres Aufenthaltes dort wohnen könnte. Als wir ankamen, fanden wir das Haus in ein halbes Hotel verwandelt, die Zimmer aber keineswegs behaglich. Jenny war das nicht recht. Bald nach dem Essen nahm sie einen Wagen und einen Dolmetscher und fuhr hinaus in die Vorstädte. Sie war vier Stunden abwesend. Niemand von uns wußte, wohin sie gegangen war. Endlich kam sie zurück und benachrichtigte uns, daß sie außerhalb der Stadtmauern ein prachtvoll gelegenes und bequem möbliertes Haus gemietet hätte. Sie lud uns ein, während unseres Aufenthaltes in Havanna bei ihr zu wohnen. Wir willigten ein, und wir alle haben einen angenehmen Monat verlebt.

Jenny war jetzt durch niemanden mehr belästigt und verfügte völlig über ihre Zeit. Sie empfing keine Besuche, ging und kam, wie es ihr gefiel, hatte keine naseweisen Ratgeber um sich und war so lustig wie ein Heimchen. Wir hatten einen großen Hof hinter unserm Haus, und hier lief und sprang sie umher, sang und lachte wie ein junges Schulmädchen. »Jetzt, Herr Barnum, noch ein Ballspiel«, sagte sie des Tages ein halbes dutzendmal, worauf sie einen Gummiball nahm, deren sie zwei oder drei besaß, und ihn so lange zu werfen und zu fangen begann, bis ich endlich erschöpft erklärte, nicht mehr zu können. Dann konnte man ihr volles musikalisches Lachen durchs Haus schallen und sie rufen hören: »Oh, Herr Barnum, Sie sind zu dick und faul, Sie können nicht einmal Ball mit mir spielen.«

Bald nach unserer Ankunft in Havanna merkte ich, wie groß die Widerstände gegen unsere musikalischen Veranstaltungen waren. Die Havannesen, welche nicht an die hohen und in den Vereinigten Staaten üblichen Konzertpreise gewöhnt waren, wollten mich dazu zwingen, ihre Opernpreise anzunehmen, während ich fest entschlossen war, entweder die entsprechenden Preise zu erhalten oder gar keine Konzerte zu geben. Dieser mein Entschluß kränkte die Havannesen, die zwar nicht als knickerig gelten wollten, aber es in Wirklichkeit waren. Ihr Haupthaß richtete sich gegen mich, und eine ihrer Zeitungen nannte mich höflich einen Yankee-Piraten, der nur nach ihren Doublonen trachtete. Sie gingen zwar ins Konzert, waren aber entschlossen, der großen Sängerin keine Gunstbezeigungen zuteil werden zu lassen. Ich durchschaute diese Absicht schon im voraus, ließ aber Fräulein Lind darüber im unklaren. Meine Befürchtungen wegen des Verlaufs des ersten Konzertes waren deshalb nicht gering. Wie es nun vonstatten ging, darüber soll ein Zeitungsartikel berichten.

»Jenny Lind betrat das Podium, von Herrn Belletti begleitet. Bei ihrem Erscheinen klatschten dreihundert bis vierhundert Personen, aber diese Beifallskundgebung wurde sofort durch das Zischen von wenigstens zweitausendfünfhundert Personen zum Schweigen gebracht. Alsdann herrschte eine feierliche Stille. Ich habe die Schwedische Nachtigall oft in Europa und Amerika gehört und immer festgestellt, daß sie mit einem gewissen Zittern ihrem ersten Auftreten in einer Stadt entgegensah. Diese Empfindung spiegelte sich auch in ihrer Miene wider, als sie vorn ans Orchester trat. Sobald sie aber bemerkte, welchen Empfang man ihr hier bereiten wollte, da verwandelte sich plötzlich ihre Befangenheit in ein stolzes Selbstbewußtsein, ihre Augen funkelten zornig, und sie stand da wie eine Statue, erhaben und schön. Im Nu überflog ihr Auge die ungeheure Zuhörermenge, die Musik begann, und dann folgten – wie soll ich es beschreiben? – himmlische Töne, wie sie wohl nie ein Sterblicher außer Jenny Lind gesungen hatte. Einigen alten Castilianern stand der Unwille auf dem Gesicht geschrieben, und ihre Züge umschwebte ein verächtliches Lächeln. Die Damen aber und der größte Teil der Zuhörer begannen verwundert aufzuhorchen. Der Gesang wurde immer schöner und ergreifender. Die ›Caballeros‹, ›Señoras‹ und ›Señoritas‹ sahen einander an; alle aber blieben stumm, entschlossen, bis zuletzt Widerstand zu leisten. Immer wunderbarer entfaltete sich die Stimme, aber immer noch preßten sich die Lippen fest zusammen. Als jemand unwillkürlich ein Bravo flüsterte, wurde er sofort niedergezischt. Aber die Flut der Harmonien brandete weiter an die Herzen der Zuhörer, bis sie am Schluß jedes Hindernis durchbrach. Der letzte Widerstand war überwunden, und ein bisher noch nie gehörter Beifallssturm toste durch den Saal.«

Der Triumph war vollkommen. Und wie wirkte er sich auf Jenny Lind aus? Sie, die wenige Minuten vorher unbeweglich wie eine Säule dagestanden hatte, zitterte nun gleich einem Rohr im Winde bei diesem wilden Ausbruch von Begeisterung. Ganz langsam und sich fast bis zur Erde verneigend, zog sie sich zurück. Das Geklatsche, Geschrei und Getrampel nahm noch zu. »Encore! Encore! Encore!« tönte es von allen Seiten. Immer wieder mußte sie erscheinen.

Ich kann meine Gefühle kaum beschreiben, während ich dieser Szene vom ersten Rang aus folgte. Als ich dann Zeuge ihres Triumphes wurde, vergoß ich unwillkürlich Freudentränen. Ich stürzte durch eine Privatloge auf die Bühne, die ich gerade betrat, als sie sich nach dem letzten »Encore!« zurückzog. »Gott segne Sie, Jenny!« rief ich aus. »Sie haben Ihre Sache gut gemacht!«

»Sind Sie zufrieden?« fragte sie, indem sie ihre Arme um meinen Nacken schlang. Sie jauchzte vor Freude und erschien mir nie so schön wie an jenem Abend.

Trotz dieses großen Triumphes fuhr jedoch eine Havanna-Zeitung fort, ermäßigte Preise zu verlangen. Dieser Umstand veranlaßte viele, die bald eine Herabsetzung erwarteten, die Konzerte nicht zu besuchen. Man glaubte, daß wir deren zwölf in Havanna geben wollten; das Publikum wurde aber sehr verdrießlich, als es sah, daß nach dem vierten, wohltätigen Zwecken gewidmeten Konzert keines mehr angekündigt wurde. Komitees suchten uns auf und baten um mehr Konzerte; wir schlugen aber ihr Ansinnen energisch ab. Einige der ersten Granden, unter ihnen Graf Penalver, boten uns darauf eine Garantie von fünfundzwanzigtausend Dollar für drei Konzerte an. Meine Antwort war, daß es auf der ganzen Insel nicht Geld genug gäbe, um meine Zustimmung zu erlangen. Damit war die Sache erledigt, und wir hatten Zeit, uns aufs angenehmste zu erholen.

Wir folgten einer Einladung des Herrn Brinckerhoff, eines ausgezeichneten amerikanischen Kaufmanns, zu einem Besuch in Matanzas. Der freundliche Wirt tat alles, was in seinen Kräften stand, um unsern Aufenthalt bei ihm so angenehm wie möglich zu machen.

In Havanna traf ich auch meinen kleinen italienischen Tellerjongleur Vivalla wieder. Er besuchte mich häufig. Er befand sich in großer Not, da er durch einen Schlaganfall linksseitig gelähmt worden war. Demzufolge vermochte er kaum noch sein tägliches Brot zu verdienen; er hatte einen Hund abgerichtet, der Vorstellungen gab, wobei er Spinnräder drehte und sonstige Kunststückchen ausführte.

Eines Tages, als er gerade zur Tür hinausging, fragte mich Fräulein Lind, wer er wäre. Ich erzählte ihr kurz seine Geschichte. Sie äußerte große Teilnahme für ihn und sagte, daß bei dem Wohltätigkeitskonzert etwas für ihn zurückbehalten werden sollte, und zwar fünfhundert Dollar. Mittels dieses Geldes konnte ich die nötigen Anstalten für seine Rückkehr nach Italien treffen.

Einige Tage später brachte ihr Vivalla einen Korb mit den üppigsten Früchten, die er hatte auftreiben können. Der alte Bursche war sehr glücklich und äußerst dankbar. Fräulein Lind war gerade ausgefahren.

»Guter Gott, ich bin so glücklich, sie ist eine so gute Dame! Ich werde meine Brüder und Schwestern wiedersehen; oh, sie ist so gut!« Er bat mich, ihr in seinem Namen zu danken und ihr die Früchte zu geben. Als er wegging, zauderte er einen Augenblick und sagte dann: »Herr Barnum, ich möchte so gern, daß die gute Dame meinen Hund das Spinnrad drehen sähe, er macht das sehr hübsch, er kann recht gut spinnen. Soll ich den Hund und das Rad einmal hierherbringen? Sie ist eine so liebe Dame, ich möchte ihr so gern etwas zu Gefallen tun.« Ich lächelte und sagte, daß ihr gewiß an dem Hund sehr wenig gelegen sein würde.

Als Jenny zurückkam, gab ich ihr die Früchte und erzählte ihr lachend, daß Vivalla ihr seinen Hund und dessen Kunststücke zu zeigen wünschte.

»Der arme Mann!« rief Jenny aus. »Lassen Sie ihn doch kommen; es ist das einzige, was er für mich tun kann!« – und die Tränen strömten ihr über die Wangen.

Ich sah Vivalla noch am selben Abend und beglückte ihn durch die Nachricht, daß Jenny Lind am nächsten Tag um vier Uhr ihn mit seinem Hund erwarte.

»Ich werde pünktlich sein«, antwortete Vivalla, vor Aufregung zitternd, »wußte ich doch, daß sie meinen Hund gern sehen wollte.«

Schon eine halbe Stunde vor der festgesetzten Zeit saß Jenny Lind an ihrem Fenster und wartete auf Vivalla und seinen Hund. Bald darauf kamen sie beide an. »Ah, da kommt er, ja, da kommt er!« rief sie entzückt aus, stürzte die Treppe hinunter und öffnete selbst die Tür. Ein Negerknabe brachte ein kleines Spinnrad, während Vivalla den Hund führte. Sie gab dem Knaben eine Silbermünze, hieß ihn gehen und sagte, das

Rad unter ihren Arm nehmend: »Es ist recht freundlich von
Ihnen, daß Sie mit Ihrem Hunde kommen; folgen Sie mir, ich
will das Rad hinauftragen.« Ihre Dienerin wollte es ihr abneh-
men, aber sie litt es nicht. Sie rief uns alle in ihren Salon und
widmete eine volle Stunde dem glücklichen Italiener. Sie kniete
nieder, um den Hund zu liebkosen, und stellte Vivalla alle möglichen Fragen betreffs seiner Kunststücke, seines Lebens, seiner Freunde in Italien, seiner gegenwärtigen Hoffnungen und
Pläne. Darauf sang und spielte sie für ihn, gab ihm einige Erfrischungen und bestand schließlich darauf, sein Rad an die Tür
zu tragen, und ihr Diener mußte Vivalla bis zu seiner Wohnung
begleiten.

Armer Vivalla! Er war sicher niemals so glücklich gewesen;
aber seine Freude war nicht größer als die von Jenny Lind.

Als wir in New Orleans mit dem Dampfer »Falcon«, den wir in Havanna bestiegen hatten, ankamen, war der Kai voller Menschen. Nach der einmonatigen Ruhe fürchtete sich Jenny vor den nun wieder beginnenden Aufregungen.

»Herr Barnum«, sagte sie verzweifelt, »wie soll ich nur durch dieses Gedränge kommen?«

»Überlassen Sie es mir. Verhalten Sie sich zehn Minuten lang ruhig, und die Menge wird sich verlaufen haben«, entgegnete ich.

Ich reichte meiner Tochter den Arm, zog den Schleier über ihr Gesicht und ging mit ihr das Fallreep hinunter zum Kai. Die Menge drängte sich um uns. Ich hatte, ehe ich das Schiff verließ, einem Lohnkutscher zugewinkt.

»Das ist Barnum, ich kenne ihn«, riefen mehrere mit lauter Stimme.

»Drängen Sie nicht, meine Herren!« rief ich, und mittels Stoßen, Drücken und guter Worte erreichten wir den Wagen und fuhren nach dem Montala-Hotel, wo Jennys Zimmer bestellt waren. Die Menge folgte uns dicht auf den Fersen. Einige Minuten nachher kamen Fräulein Lind und ihre Begleiter in aller Ruhe nach und gelangten in das Haus, ehe die List entdeckt worden war.

Ein armer blinder Junge vom Mississippidelta, ein Flötenspieler und leidenschaftlicher Liebhaber der Musik, kam nach New Orleans, nur um Jenny Lind zu hören. Seine Nachbarn hatten für ihn das Reisegeld gesammelt. Als Fräulein Lind dies hörte, schickte sie nach ihm, spielte und sang für ihn, sagte ihm viele tröstliche und freundliche Worte, nahm ihn mit in ihre Konzerte und entließ ihn um vieles reicher, als er je zuvor gewesen war.

Ein drolliges Ereignis trug sich in New Orleans zu. Unsere Konzerte wurden im St.-Charles-Theater, damals unter der Direktion meines Freundes Colonel Smith, gegeben. Auf dem freien Platz daneben waren Buden, worin Riesenschweine, fünffüßige Pferde, Bären und so weiter gezeigt wurden.

Ein Mann hatte einen zwölfjährigen Sohn von ausgezeichnetem musikalischem Gehör. Er konnte jede Melodie singen oder pfeifen, wenn er sie nur einmal gehört hatte. Sein Vater hatte für Musik nichts übrig, zahlte aber seinem Sohn zuliebe dreißig Dollar für zwei Billetts.

»Die Musik gefiel mir besser, als ich dachte«, sagte er mir am andern Tage, »mein Sohn aber war entzückt. Er war so bezaubert, daß er den ganzen Tag nicht ein Wort sprach. Ich hätte um keinen Preis ihn in seiner Verzücktheit stören mögen. Als das Konzert zu Ende war, gingen wir zusammen weg. Es wurde kein Wort gesprochen, ich wußte, daß seine Seele wie im Himmel war, und schwieg daher. Ich konnte nichts anders, als ihn um seine Liebe zur Musik beneiden, und betrachtete meine dreißig Dollar als nichts im Vergleich zu dem Genusse, den ich ihm verschafft hatte. Ich dachte sogar, ihn auch das nächste Mal ins Konzert zu führen, als er endlich zu sprechen anfing. Es war gerade an den Schaubuden, neben dem Theater. Eins der ausgehängten Schilder fesselte seine Aufmerksamkeit, und er sagte: ›Vater, laß uns hineingehen und das große Schwein betrachten.‹ – Der kleine Spitzbube! Ich hätte ihn am liebsten verprügelt«, sagte der Alte, lachte aber selbst über seinen Irrtum.

Ich traf ein Übereinkommen mit dem Kapitän des prächtigen Dampfers »Magnolia« von Louisville, unsere Gesellschaft bis zur Einmündung des Ohio in den Mississippi zu bringen, mit hinlänglichem Aufenthalt in Natchez, Memphis, Tennessee, um an jedem dieser Orte ein Konzert zu geben.

Anfang Mai 1851 waren wir wieder in New York und gaben vierzehn Konzerte in Castle Garden und in der Metropolitan Hall. Das letztere davon war das einundneunzigste Konzert, Fräulein Lind stand jetzt wieder unter dem Einfluß ihrer »Ratgeber«. Ich verspürte sehr bald die Wirkung davon, machte mir aber wenig daraus, was sie ihr anrieten. Mein sehnlichster Wunsch war es, sie möchte einverstanden sein, mit ihrem hundertsten Konzerte die Tournee zu beschließen; denn ich war durch all die Aufregungen und Anstrengungen sehr angegriffen. Daher war ich sehr zufrieden, als sie mir bei dem fünfundachtzigsten Konzerte erklärte, sie sei entschlossen, die fünfundzwanzigtausend Dollar Konventionalstrafe zu bezahlen und die Konzerte mit dem hundertsten zu beenden.

Wir gingen nach Philadelphia, wo das zweiundneunzigste, dreiundneunzigste und vierundneunzigste Konzert in dem von mir gemieteten großen Nationaltheater in der Chestnutstraße stattfinden sollte. Dieses Theater war früher als Zirkus und Hippodrom benutzt worden, Max Maretzeck hatte es aber für die italienische Oper hergerichtet. Es war für unsern Zweck vollkommen geeignet. Einer der »Ratgeber« Jennys, ein kleinerer Angestellter, der es auf den Direktorposten abgesehen hatte, nahm die Wahl dieses Gebäudes zum Anlaß, Fräulein Lind gegen mich einzunehmen. Da ich merkte, wer hier am Werke war, beschloß ich, lieber auf die restlichen sieben Konzerte zu verzichten, als das freundliche Einvernehmen zu zerstören, das bis dahin stets zwischen der Sängerin und mir geherrscht hatte. Ich schrieb ihr also, daß ich bereit wäre, den Vertrag, falls sie es wünschte, schon nach dem heutigen Konzerte zu lösen, vorausgesetzt, daß sie mir für die sieben noch ausstehenden Konzerte eine Entschädigung von tausend Dollar pro Konzert zugestehen würde, zusätzlich der Konventionalstrafe von fünfundzwanzigtausend Dollar, die für den Fall, daß sie nach dem hundertsten Konzert aufhören wollte, ausbedungen worden war. Gegen Abend erhielt ich folgende Antwort.

Ich sah Fräulein Lind des Abends im Konzert. Sie war artig und freundlich wie immer. Zwischen dem ersten und zweiten Teil stellte ich ihr General Welsh, den Pächter des Nationaltheaters, vor, der sagte, daß er einverstanden wäre, mir die Miete des Hauses zu erlassen, wenn sie es fernerhin nicht mehr zu benutzen wünschte. Sie erwiderte, sie finde es weit zweckmäßiger, als sie anfangs geglaubt habe, und wolle es deshalb für die übrigen Konzerte behalten. Mittlerweile hatten ihre Ratgeber das Märchen in Umlauf gebracht, daß ich Fräulein Lind genötigt hätte, in einem ungeeigneten Raum zu singen, und als sie hörten, sie wolle sich weiterhin des Theaters bedienen, bestürmten sie die Sängerin so lange, bis sie nachgab und eine kleinere Halle für ihre Konzerte wählte.

Fräulein Lind gab mehrere Konzerte mit wechselndem Erfolg und zog sich dann nach Niagara-Falls und später nach Northampton in Massachusetts zurück. Von dort aus besuchte sie Boston, wo sie sich mit Herrn Otto Goldschmidt, einem deutschen Komponisten und Klavierspieler, für den sie große Zuneigung hegte und der in Deutschland mit ihr Musik studiert hatte, verheiratete. Er hatte mehreremal in unseren Konzerten gespielt. Er scheint ein sehr ruhiger, gütiger Mensch zu sein, ist ein vortrefflicher Musiker und, wie ich nicht zweifle, ein sehr guter Ehemann.

Herrn P. T. Barnum.

Ich nehme Ihren Vorschlag, unseren Konzertvertrag heute abend zu lösen, an, und zwar dahingehend, daß ich Ihnen außer der Summe, die ich zu zahlen verpflichtet bin, wenn ich die Konzerttournee mit dem hundertsten Konzert beende, eine weitere Summe von siebentausend Dollar zu zahlen habe.

Aufrichtig ergeben
Jenny Lind

Philadelphia, den 9. Juni 1851.

Nach der Auflösung des Vertrages traf ich mit Fräulein Lind noch des öfteren zusammen. Einmal sah ich sie in Bridgeport, wo sie mir sagte, daß sie bei ihren späteren Konzerten viel Verdrießlichkeiten erdulden mußte.

»Man belügt und beschwindelt mich allzusehr«, sagte sie, »und ich finde es höchst lästig, Konzerte auf eigene Rechnung zu geben.«

Wenn sie in New York auftrat, wurde ich immer mit Freibilletts bedacht, und als sie zum letztenmal sang, besuchte ich sie in ihrem Zimmer hinter der Bühne und nahm von ihr und ihrem Mann mit den herzlichsten Wünschen Abschied. Sie erwiderte diese in gleicher Weise und sagte mir, daß sie nur noch wenig, vielleicht gar nicht mehr öffentlich auftreten würde; ich bat sie jedoch dringend, um des Publikums willen sich nicht ganz zurückzuziehen, worauf sie erwiderte, sie würde wohl gelegentlich noch ein Konzert geben.

Nach so vielen Monaten der Aufregung und der Arbeit, die Jenny Linds Konzerte mit sich gebracht hatten, wird man mir gern glauben, daß ich mich nach Ruhe sehnte.

Wenn ich nebenbei Extraausstellungen veranstaltete, so vernachlässigte ich doch niemals das Museum darüber. Dieses war der erste erfolgreiche Versuch in meinem Leben, und ich war immer bemüht, seine Anziehungskraft ohne Scheu vor Ausgaben zu vermehren.

So war ich in Europa ständig auf der Suche nach Neuigkeiten. Zu keinem Jahrmarkt war es mir zu weit, um dort solche Schaustellungen zu mieten oder zu kaufen, die meiner Ansicht nach in den Vereinigten Staaten Interesse erwecken würden.

Ich beabsichtigte, das Haus, worin Shakespeare geboren war, zu kaufen und stückweise in mein Museum nach New York zu bringen; allein das Projekt ward verraten, der britische Stolz erwachte, und einige Engländer verdarben mir den Handel, indem sie das Gebäude für die Shakespeare-Gesellschaft kauften. Wäre die Sache erst ein paar Tage später publik geworden, so würde ich ein glänzendes Geschäft gemacht haben; denn wie ich später hörte, hätten die Engländer mich lieber mit zwanzigtausend Pfund Sterling abgefunden, als das Haus nach Amerika fortschaffen zu lassen.

Während meines Londoner Aufenthaltes im Jahr 1844 hörte ich von einer Lancashirer Glockenspielertruppe, die in Irland auftrat. Ich beschied sie nach Liverpool und engagierte sie für eine Tournee in den Vereinigten Staaten. Eine meiner Bedingungen war, daß sie ihre Schnurrbärte wachsen lassen, sich malerisch kleiden und den Namen »Schweizer Glockenspieler« annehmen müßten. Den letzteren Punkt fanden sie anfänglich bedenklich, weil, wie sie in ihrem breiten Lancashire-Dialekt bemerkten, sie nur Englisch sprächen und sich daher als Schweizer nicht ausgeben könnten; sie gaben aber nach, als ich ihnen sagte, sie sollten in Amerika nur ein solches Englisch sprechen, wie sie soeben mit mir gesprochen hätten; dann könnten sie sich Schweizer oder sonst was nennen, ohne daß man ihnen widerspräche.

Wie in andern Fällen, so war auch hier der kleine Betrug hinsichtlich der Herkunft jener Leute von keinerlei Bedeutung, da sie wirklich ausgezeichnet spielten und mit ihren zahlreichen Glocken von verschiedener Größe eine köstliche Musik machten. Sie erregten viel Aufsehen in den Vereinigten Staaten, Kanada und Kuba.

Im Jahre 1849 faßte ich den Plan, eine große Wanderschau mit einer Menagerie einzurichten. Da ich weder Zeit noch Neigung hatte, ein solches Unternehmen persönlich zu leiten, so bestimmte ich Herrn Seth B. Howes, einen weitbekannten vorzüglichen Schausteller, sich mit mir zu verbinden und die Direktion zu übernehmen.

Um den Plan zur Ausführung zu bringen, mieteten wir das Schiff »Regatta« und schickten es mit unseren Agenten June und Nutter nach Ceylon, um zwölf lebendige Elefanten und sonstige wilde Tiere zu kaufen oder für uns einfangen zu lassen. Das Schiff segelte im Mai 1850 von New York ab und war über ein Jahr unterwegs. Um genug Futter und Wasser für diese riesigen Tiere vorrätig zu haben, kaufte man in New York fünfhundert Tonnen Heu und brachte es samt Dauben und Reifen für Wasserfässer nach St. Helena, um alles bei der Rückreise wieder an Bord zu nehmen.

Unsere Agenten konnten die gewünschte Anzahl Elefanten weder in Colombo noch Kandy, den Hauptstädten der Insel, käuflich erwerben; sie mieteten daher einhundertsechzig Eingeborene und stellten Treibjagden in den Wäldern an. So gelang es ihnen unter mancherlei Gefahren, dreizehn Elefanten von gewünschter Größe und eines Weibchens mit einem erst sechs Monate alten Elefantenbaby habhaft zu werden. Im Verlauf dieser Jagden wurden viele der großen Tiere getötet. Die Herren June und Nutter hatten manche schweren Kämpfe mit ihnen zu bestehen, einen der schrecklichsten im November 1850, als sie mit Hilfe der Eingeborenen und der abgerichteten Elefanten eine Herde wilder Tiere in einen indischen Kraal hineinzutreiben versuchten.

Sie kamen mit zehn dieser Elefanten glücklich nach New York. Ein Mann aus Ceylon, der mit den Tieren umzugehen verstand, begleitete sie. Wir ergänzten die Schau noch durch einige Raubtiere und allerhand Kuriositäten, so daß alles zusammen, mit Pferden, Fuhrwerken, Zelten und so weiter, einen Wert von hundertneuntausend Dollar darstellte, und begannen unsern Feldzug unter der Führung von General Tom Thumb, der nun seit vier Jahren als eine der Hauptattraktionen von Barnums großer asiatischer Karawane, Menagerie und Schaustellung in aller Welt umhergereist ist.

Der große Erfolg, der dieser Schau beschieden war, rief so manche lästige Konkurrenz auf den Plan. Um diese zu überbieten, stellten wir eine Kunstreitertruppe zusammen, die zur nämlichen Zeit und am nämlichen Ort, wo Menagerie und Museum gezeigt wurden, auftrat. Unsere Einnahme in den vier Jahren betrug ungefähr eine Million Dollar.

Das wollige Pferd

Im Sommer 1848 erregte in Cincinnati ein Anschlagzettel meine Aufmerksamkeit, daß ein wolliges Pferd zu sehen sei. Immer bedacht, etwas Seltsames zur Unterhaltung oder zum Erstaunen des Publikums anzuschaffen, besuchte ich die Ausstellung und fand, daß das Tier eine wirkliche Merkwürdigkeit war. Es war ein wohlgebildetes, kleines Pferd, ohne eine Spur von Mähne und ohne Schwanzhaare; der ganze Körper dagegen war von dickem feinem Haar oder flockiger Wolle bedeckt. Ich kaufte es und schickte es nach Bridgeport, wo es in einem abgelegenen Stall auf eine günstige Gelegenheit wartete, sich zu produzieren.

Diese ergab sich endlich. Der berühmte Forschungsreisende Oberst Fremont war in den Schneegefilden der Rocky Mountains verschwunden. Man befürchtete, er sei das Opfer des strengen Winters geworden; das Publikum war in ängstlicher Spannung. Endlich brachte die Post die Nachricht, daß er sich wohl befände, und alles atmete erleichtert auf. Jetzt schien mir der Zeitpunkt gekommen, mit dem »wolligen Pferd« hervorzutreten. Es wurde sorgfältig mit Decken und Strümpfen bis an die Augen vermummt, nach New York gebracht und in einem Stall versteckt.

Man las in den Zeitungen, nach letzten Informationen hätten Oberst Fremont und seine tapfere Truppe nach dreitägiger Jagd, nahe dem Gilaflusse, ein merkwürdiges, noch unbekanntes Tier gefangen, das einem Pferd gleiche, aber weder Mähne noch Schwanz habe und mit dicker Wolle bedeckt sei. Oberst Fremont, hieß es weiter, habe dieses merkwürdige Tier dem Quartiermeister der Vereinigten Staaten übersandt.

Zwei Tage nachher erschien in den New Yorker Blättern folgende Ankündigung:

Oberst Fremonts neu entdecktes Tier oder »wolliges Pferd« wird einige Tage an der Ecke von Broadway und Readestraße ausgestellt werden, ehe es nach London gebracht wird. Die Natur scheint all ihre Laune bei der Hervorbringung dieses erstaunenswürdigen Tieres aufgeboten zu haben. Es ist von überaus kompliziertem Körperbau: es hat Ähnlichkeit mit Elefant, Hirsch, Pferd, Büffel, Kamel und Schaf. Es ist groß wie ein Pferd, hat die Hüften eines Hirsches, den Schwanz eines Elefanten, flockige Wolle von der Farbe des Kamelhaars und springt mit Leichtigkeit zwölf bis fünfzehn Fuß hoch. Naturforscher und alte Jäger versicherten

Oberst Fremont, daß ihnen solch ein Tier vorher noch nie zu Gesicht gekommen wäre. Sicher ist es der Natur »jüngste Schöpfung« und das kostbarste Exemplar der kalifornischen Tierwelt. Jeden Tag in der Woche wird es gezeigt. Eintritt fünfundzwanzig Cent. Kinder die Hälfte.

Es war in einem Gebäude gerade gegenüber von Stuarts großem Kurzwarenladen ausgestellt. Am Eingang hingen große Plakate, worauf das unbekannte Tier in vollem Sprung abgebildet war.

Das Publikum, heißhungrig nach etwas, das mit Oberst Fremont direkt zusammenhing, war hoch entzückt und strömte in Massen herbei.

Die Büffeljagd

Am 17. Juni 1843 wohnte ich der Einweihung des siebzig Meter hohen Obelisken von Bunker Hill bei. Dort bot man eine Ausstellung von fünfzehn einjährigen Büffelkälbern zum Verkauf an. Ich erstand sie für siebenhundert Dollar. Mir war eine Idee gekommen, die, wenn sie verwirklicht werden könnte, den Büffelkauf zu einem guten Geschäft machen würde. Die Tiere waren recht schwach und somit sehr gefügig; sie stammten aus den Prärien des wilden Westens. Ich ließ sie nach New York bringen und stellte sie in einem Bauernstall bei Hoboken ein. Herr French, von dem ich sie kaufte, verstand das Lasso zu werfen. Ich engagierte ihn für dreißig Dollar pro Monat, um die Büffel zu versorgen, bis ich meinen Plan ausführen konnte.

Es erschienen alsbald Nachrichten in den Zeitungen, daß eine Herde wilder Büffel, mit dem Lasso gefangen, von den Rocky Mountains her auf dem Wege nach Europa sich befände und in Begleitung der Männer, die sie gefangen hatten, über New York kommen würden. Dann kamen »Anfragen« in verschiedenen Blättern, ob mit den Büffeln nicht in einer gut gesicherten Rennbahn eine regelrechte Büffeljagd angestellt werden könnte. So etwas zu sehen würde eine lange Reise lohnen. Einer schlug dazu die Long-Island-Rennbahn, ein anderer Harlem vor, ein dritter versicherte, Hoboken wäre dafür am geeignetsten. Rechtzeitig erschien folgendes Inserat in den Blättern:

GROSSE BÜFFELJAGD
ZU HOBOKEN
Eintritt frei!

Donnerstag, den 31. August um drei, um vier und um fünf Uhr nachmittags. Herr C. D. French, einer der verwegensten und erfahrensten Jäger des Westens, ist auf seiner Reise nach Europa hier angekommen mit einer Herde Büffel, die er selbst bei Santa Fé eingefangen hat. Er wird dem Publikum zeigen, wie man wilde Büffel jagt und das Lasso wirft Dies ist vielleicht eine der schwersten und aufregendsten Tätigkeiten, die man sich vorstellen kann, da sie zur gleichen Zeit die größte Reitkunst und die vollkommenste Gewandtheit und Geschicklichkeit erfordert. Herren, Damen und Kinder können hier ein Bild von der wilden Jagd auf den Prärien des Westens gewinnen. Die Vorstellung ist gratis und findet auf den ausgedehnten Grundstücken und Rennbahnen der Herren Stevens in Hoboken statt, wo wenigstens fünfzigtausend Personen die interessante Jagd mit ansehen können. Das große Schauspiel wird dreimal täglich wiederholt. Um drei Uhr werden zwölf bis fünfzehn Büffel losgelassen, und Herr French, als Indianer gekleidet, wird auf einem Präriepferd mit mexikanischem Sattel die Büffel um die Bahn jagen und einen davon mit dem Lasso fangen. Um vier Uhr und um fünf Uhr wird die Jagd wiederholt, und die Pausen dazwischen werden mit anderen Attraktionen ausgefüllt. Ferner ist eine Musikkapelle engagiert worden. Es besteht keinerlei Gefahr, da die Bahn mit doppelten Pfosten eingefaßt ist, um die Möglichkeit eines Durchbrechens zu verhindern. Extra-Fährboote werden vom Barclay-Kanal und von der Christopherstrasse abgehen. Sollte das Wetter stürmisch sein, so wird die Vorstellung am nächsten schönen Tag stattfinden.

Das Geheimnis der Gratisvorstellung ist nicht schwer zu erraten. Ich hatte alle Fährboote für den ganzen Tag zu einem bestimmten Preis gemietet, und sämtliche Einnahmen gehörten mir.

Die Versicherung, daß keine Gefahr von den Büffeln zu befürchten sei, war überflüssig. Die armen Tiere waren so schwach und zahm, daß es zweifelhaft war, ob sie überhaupt laufen würden, obgleich sie French mit Hafer vollgestopft hatte, um etwas Leben in sie zu bringen.

Der verhängnisvolle Tag brach an. Um die ersten zu sein, strömten schon um zehn Uhr gewaltige Massen hinüber; von zwölf Uhr an waren die Boote überfüllt. Ein Extraboot wurde angehängt, und bis fünf Uhr hielt der Zustrom unvermindert an. Vierundzwanzigtausend Personen überquerten an diesem Tag den Fluß. Jede bezahlte einen halben Schilling hinüber, einen halben Schilling zurück, so daß die Einnahme, einschließlich der Wagen und der Miete für die Erfrischungsbuden, sich auf ungefähr dreitausendfünfhundert Dollar belief. Viele Tausende waren von New Jersey herbeigeströmt, die, wenn sie auch meinem Fährzoll entgingen, doch Wasser auf meine Mühle waren.

Die Musik tat das ihrige, die ungeheure Menge bis drei Uhr zu unterhalten. Zur festgesetzten Stunde kamen die Büffel aus einem Schuppen in der Mitte der Einfassung hervor; French hatte sie vorher mit einem spitzen Stock etwas aufgestachelt, in der Hoffnung, sie bei ihrem ersten Erscheinen zu einem Galopp zu bringen. Er selbst folgte ihnen, als Indianer herausgeputzt, auf feurigem Renner mit dem Lasso in der einen und einem spitzen Stock in der anderen Hand; aber die armen Kälber drängten sich aneinander und verweigerten jede Bewegung. Der Anblick war so unerwartet und so unendlich komisch, daß die Zuschauer in ein tobendes Gelächter ausbrachen. Der Lärm scheuchte die Tiere etwas auf, und angestachelt von French und seinen Leuten, rafften sie sich zu einem langsamen Trab

auf. Die allgemeine Heiterkeit nahm immer mehr zu; man schwenkte die Hüte mit lautem Hallo. Die Büffel setzten sich in Galopp und rannten gegen den niedrigen, aus schmalen Brettern bestehenden Zaun, durchbrachen ihn und machten sich, so schnell sie konnten, aus dem Staub. Als man die Tiere herankommen sah, liefen Männer, Frauen und Kinder im wilden Durcheinander auf und davon. Die Büffel, ebenso erschreckt wie die Menschen, flüchteten sich in einen benachbarten Sumpf, und alle Anstrengung, sie herauszubringen, blieb vergeblich. French fing jedoch einen mit dem Lasso; dann unterhielt er die Menge durch Niederwerfen von Pferden und Reitern mittels des Lassos, und alles blieb bei guter Laune.

Niemand schien von dem Trick mit den Fährbooten etwas zu ahnen, der Inszenator war unbekannt, das Schauspiel war gratis, man hatte sich für einen Schilling pro Kopf köstlich amüsiert, und keiner beklagte sich. Mitternacht kam indes herbei, ehe sämtliche Besucher wieder zurückkonnten.

Wenn ich auf mein bewegtes Leben zurückblicke, das ich in diesen Blättern geschildert habe, so mögen vielleicht einige Leser von strengen moralischen Anschauungen an diesem oder jenem Anstoß nehmen und mir meine Erfolge verargen. Ich will aber mit meiner Meinung nicht hinterm Berge halten, selbst wenn man mich des Egoismus bezichtigen würde.

Der große Fehler unserer amerikanischen Zivilisation liegt wohl darin, daß man allzusehr das »Praktische« im Auge hat und eine schmutzige Geldgier oft die Folge davon ist. Hinzu kommt noch, daß man alle uns so notwendigen Erheiterungen und Genüsse verächtlich macht, die in anderen Ländern den ärmsten Schichten der Gesellschaft zugänglich sind. Wenn es jenseits des Ozeans zu viele Festtage, namentlich in den katholischen Ländern, gibt, fallen wir in den entgegengesetzten Fehler – wir haben gar keine Festtage. Dies hat zur Folge, daß wir trotz unseres großen allgemeinen Wohlstandes uns weit weniger des Lebens erfreuen als die andern Völker.

Aus Gewohnheit und Tradition hat unsere dem Mittelstand angehörende Bevölkerung eine leider allzu große Vorliebe für die gewöhnlichsten und sinnlosesten Vergnügungen, und ihre Neigung zum Alkohol und zu anderen Lastern ist nur die notwendige Folge des beklagenswerten Mangels an erlaubten und vernünftigen Unterhaltungen.

Als Geschäftsmann hatte ich allerdings vor allem die Absicht, Geld zu machen. Es glückte mir über alles Erwarten – und ich bin zufrieden. Aber darüber hinaus erhebe ich Anspruch darauf, bei der Nachwelt als öffentlicher Wohltäter von nicht geringem Grad zu gelten.

Meine wandernden Museen der Naturgeschichte waren die größten und interessantesten, die je in den Vereinigten Staaten gezeigt wurden, und kein Schriftsteller, nicht einmal eine Universität, hat je so viel dazu beigetragen, die Öffentlichkeit mit den verschiedensten Tierarten bekannt zu machen wie ich.

Auch kann wohl nicht geleugnet werden, daß ich zur Bildung und Erhöhung des musikalischen Geschmacks in Amerika mehr getan habe als irgend jemand sonst. Mit der von mir veranstalteten Tournee Jenny Linds durch die Vereinigten Staaten hat eine neue Ära in der schönsten und erheiterndsten aller Künste für unzählige Amerikaner begonnen.

Ich verzichte darauf, alle die Wohltaten im einzelnen aufzuzählen, die ich meinen Landsleuten mit all meinen belehrenden und belustigenden Unternehmungen erwiesen habe, wiewohl es mein Hauptzweck dabei war, tüchtig daran zu verdienen. Gewiß habe ich meine Kuriositäten und meine Künstler mit aller mir zu Gebote stehenden Phantasie angepriesen. Mein Vorteil erheischte dies. Es wird wohl kaum jemand sagen können, er habe das, was er zu sehen bekam, überbezahlt. Wenn der Niagarafall seine fünfundzwanzig Cent Eintrittsgeld nicht wert war, so konnte man doch zugleich das größte und ausgedehnteste Museum auf diesem Kontinent besichtigen. Wer wollte behaupten, daß ein solcher Mann besser getan hätte, sein Geld zu vertrinken oder anderweitig zu vergeuden?

Ich könnte an dieser Stelle das Buch schließen. Allein ich kann mir das Vergnügen nicht versagen, noch in aller Kürze über die Entstehung meines Landsitzes zu berichten, der bekannt ist unter dem Namen »Iranistan«. Als ich im Jahre 1846 mich ständig vom Glück begünstigt sah, fing ich an, nach einem Ort Umschau zu halten, wohin ich mich zurückziehen und mit meiner Familie niederlassen könnte, um den Rest meines Lebens dort in Ruhe zu genießen. Ich wünschte, nicht weit von New York zu wohnen, und da ich keine schönere Gegend kenne als Long-Island Sund zwischen New Rochelle und Newhaven, richtete ich dorthin mein Augenmerk. Bridgeport schien mir von der Metropole gerade recht entfernt zu sein, es liegt freundlich am Ausgangspunkt zweier Eisenbahnen, welche die fruchtbaren Täler des Housatonic- und Naugatuckflusses durchziehen. So entschloß ich mich, dort meinen künftigen Wohnsitz aufzuschlagen. Zu diesem Zweck kaufte ich eine Meile westlich von der Stadt siebzehn Acker Land mit schöner Aussicht auf den Sund.

Für den Bau meines Hauses sollten vor allem Bequemlichkeit und Komfort ausschlaggebend sein. Doch wollte ich gleichzeitig mit etwas Neuem, Einzigartigem Aufsehen erregen, damit es eine Reklame für meine verschiedenen Unternehmungen darstellt.

Während meines Aufenthaltes in England hatte mir in Brighton der Pavillon Georgs IV. besonders gefallen. Es war in England das einzige Haus orientalischen Stils, der in Amerika noch völlig unbekannt war. Diesen Pavillon nahm ich mir ganz einfach zum Vorbild und ließ mir unter Berücksichtigung der Lage meiner Besitzung die nötigen Zeichnungen und Pläne anfertigen. Sodann engagierte ich einen Architekten, der, ohne Zeit und Kosten zu sparen, ein komfortables, behagliches und geschmackvolles Haus nach diesen Plänen errichten sollte.

Alles geschah zu meiner Zufriedenheit. Meine Familie bezog das fertige Landhaus, und am 14. November 1848 halfen mir über tausend Gäste nach alter Sitte das Haus einweihen.

Was es eigentlich gekostet hat, weiß ich selbst nicht, es behagt mir und, was mir weit wichtiger ist, es behagt auch meiner Familie. Ich habe in diesen Blättern selten meine Frau und meine Kinder erwähnt, und doch sind sie mir immer mehr wert gewesen als alle Reichtümer der Welt.

Der Grund, worauf mein Haus steht, war zur Zeit, als ich ihn kaufte, ein ödes Stück Feld. Ich verpflanzte dorthin viele

hundert Obst- und Waldbäume und ganze Morgen Nadelhöl-
zer und Gesträuch, deren allmähliches Wachstum sonst ein
Jahrhundert erfordert hätte.

Noch habe ich die Geschäfte nicht ganz aufgegeben, möchte
jedoch künftig meine Tätigkeit auf das New Yorker Museum
beschränken. Ich bin oft in New York und anderen großen
Städten, aber nie glücklicher als in meiner Häuslichkeit.

Es war ein Desaster: Kurz vor der Abstimmung hatte der Kandidat der Republikaner noch getönt, er wisse um die beabsichtigte Wahlfälschung seines demokratischen Konkurrenten in 300 Fällen, und wenn dessen Vorsprung weniger als diese Stimmenzahl betrage, werde er ihn als Betrüger bloßstellen. Als dann am 1. April 1867 der amerikanische Kongreß gewählt wurde, war der Abstand mehr als dreimal so groß. Ein Parteifreund des so deutlich Unterlegenen, der Gouverneur von Connecticut, seufzte hinterher, die Partei hätte einen großartigen Wahlkampf geführt und alles richtig gemacht bis auf den groben Schnitzer, ausgerechnet den berüchtigten Phineas Taylor Barnum als Kandidaten aufzustellen. Der sei zwar durchaus ein besserer Mensch, als viele vermuteten, aber eben doch eine Belastung im Kampf um die Stimmen der Bürger, nicht zuletzt wegen seines »schrecklichen Buches«.

Das schreckliche Buch war Barnums Autobiographie, im Herbst 1854 erstmals erschienen und seither, in zahllosen Ausgaben mit immer neuen Zusätzen versehen, einer der großen Bestseller des 19. Jahrhunderts – allein zu Barnums Lebzeiten wurden weit mehr als eine Million Exemplare des Buchs verkauft. Alle Welt wollte die offenherzigen Memoiren des Mannes lesen, der als Entertainer, Manager, Vortragsreisender, Konzertveranstalter, Zirkus- und Museumsdirektor die Unterhaltungsindustrie geprägt hat wie kein zweiter seiner Zeitgenossen. Auf deutsch erschien die Autobiographie im Jahr 1855, kurz nach der Originalausgabe, gleich in mehreren Verlagen, denn auch das europäische Publikum wollte wissen, wie sich die allseits verehrte Jenny Lind

in Amerika geschlagen hatte, obwohl Barnums Ruhm auch unabhängig von dem Gastspiel der Sängerin die Alte Welt bereits
erreicht hatte. Die vorliegende Fassung der Memoiren folgt der
(gekürzten und leicht bearbeiteten) Erstausgabe, erzählt also
Barnums bewegtes Leben bis zum Jahr 1854.

Der Pferdefuß dieses literarischen Erfolgs war, daß Barnum
durch die humoristische und deutlich an dem Unterhaltungs-
bedürfnis des Publikums orientierte Autobiographie ein Bild
seiner selbst entworfen hatte, dem er später nicht mehr ent-
kommen konnte. In den Augen der Öffentlichkeit stand er ein
für allemal als der listige, etwas unseriöse Unternehmer da, der
sich zwar an die Buchstaben des Gesetzes hält, aber zu jeder
legalen Täuschung bereit ist, um das Publikum zu amüsieren
(und sich dabei zu bereichern): als »Prince of Humbugs« eben,
wie er sich selbst bezeichnet hatte.

So einen wählt man zwar nicht in den Kongreß, doch statt
dessen ist Barnum zu einem amerikanischen Mythos geworden, sein Leben zum Stoff für zahllose Romane, Filme, Musi-
cals, Biographien (allen voran die vorzügliche von A. H. Saxon,
erschienen bei Columbia University Press), Popsongs und wissenschaftliche Erörterungen. Im Zentrum der Rezeption steht
meistens der verzweifelte Kampf des schwerreichen Aufstei-
gers um gesellschaftliche Anerkennung, seine Anstrengungen,
über karitatives Engagement, Temperenzlertraktate und die
Unterstützung von Bildungseinrichtungen endlich den Respekt zu erlangen, den er zu verdienen meinte. Das bedeutend-
ste Beispiel dieses Kampfes gegen das Stigma des Unseriösen
begann vor 150 Jahren im Hafen von New York: Am 1. September 1850 traf die gefeierte Sängerin Jenny Lind in Amerika
ein, um im Auftrag Barnums 150 Konzerte zu geben. Es war
eine Verbindung zweier Personen mit völlig gegensätzlicher
Reputation: Hier die für ihre sittliche Strenge und religiösen
Überzeugungen bekannte Sängerin, dort der Manager, dem
viele nicht recht über den Weg trauten.

Freimütig berichtet Barnum in seiner Autobiographie von dem Weg, der ihn von den unscheinbaren Anfängen bis zu dieser Begegnung mit der schwedischen Diva geführt hatte. Seine Karriere als Schausteller begann im Jahr 1835. Der fünfundzwanzigjährige Sohn eines Schneiders aus Connecticut, der sich zuvor als Verkäufer, Lotteriebetreiber, Gastwirt und umstrittener Zeitungsherausgeber versucht hatte, präsentierte einer erstaunten Öffentlichkeit die »Amme George Washingtons«: Joice Heth, eine verwitterte farbige Sklavin, die das biblische Alter von 161 Jahren erreicht hatte, wie Barnum versicherte. Als Beweis zückte er eine vergilbte Rechnung aus dem Jahr 1727 über Heths Verkauf, unterschrieben von der Mutter George Washingtons.

Barnums Schilderung dieser Unternehmung ist, soweit sich die Fakten noch ermitteln lassen, durchaus selektiv. Er war nicht der erste, der die angebliche Amme zur Schau stellte. Aber er machte aus der gelähmten, blinden alten Frau ein Medienereignis, entfachte eine fulminante Pressekampagne und ließ Joice Heth fortwährend schnurrige Geschichten aus der Jugend des kleinen George erzählen, wenn sie nicht mit dünner Stimme Gospellieder vor sich hin sang. Barnum, ein Naturtalent des Verkaufens, fand immer wieder einen Weg, das Interesse an Heth monatelang wachzuhalten, etwa mit dem lancierten Verdacht, Heth sei in Wirklichkeit kein Mensch, sondern ein Automat – tags darauf drängelten sich die Schaulustigen um das Bett der alten Frau, um sich von der Wahrheit des Gerüchts zu überzeugen und Barnum des Betrugs zu überführen. Als Joice Heth kurz darauf starb, stellte sich bei der Obduktion heraus, daß sie kaum mehr als 80 Jahre zählte, und Barnum entrüstete sich öffentlich darüber, daß man ihn so getäuscht habe. Sorgfältig vermeidet er in seiner Autobiographie den Eindruck, er habe von dem Schwindel gewußt – allerdings war sein Eifer, die unglaubliche Altersangabe zu überprüfen, recht schwach gewesen. Auch kleine Manipulationen

wie die Zeitungsmeldung über Heths angebliche Automaten-
natur räumt er ein, ohne sich direkt als Urheber zu bekennen.

Immer balanciert er mit diesen Bekenntnissen auf einem
schmalen Grat zwischen vorgeblicher Unschuld und dem
offenen Eingeständnis des Betrugs. Was – zumal nach so langer
Zeit – amüsieren konnte, gab er freimütig zu; nicht zufällig be-
ginnt das Buch mit einer Schilderung jener etwas anstrengen-
den Spaßkultur in Barnums Heimatort, verkörpert in dem
notorischen Witzbold, der Barnums Namenspatron werden
sollte – Barnum war, dieses Bild will er erzeugen, für ein Leben
als »Prince of Humbugs« doppelt vorbelastet: familiär und
lokal. Dieses Kokettieren mit der Irreführung eines leichtgläu-
bigen Publikums findet dort sein Ende, wo es um direkten Betrug aus Habgier oder gar um menschenverachtende Praktiken
geht. Barnum beteuert, wie gut es Joice Heth bei ihm gehabt
habe, sogar für ein anständiges Begräbnis will er gesorgt haben.
Daß er noch an ihrer Obduktion eine hohe Summe verdient
hat, erwähnt er nicht.

Unter den »Wundern«, die Barnum in den nächsten Jahren
zur Schau stellte, waren eine tote Seejungfrau (in Wahrheit ein
Affenleib, kunstvoll auf einen Fischrumpf montiert), zahlreiche Menschen mit ungewöhnlicher Pigmentierung, die etwa als
»Albinofamilie« oder »Leopardenkind« vorgestellt wurden,
übermäßig Dicke, Dünne, Große oder Kleine, siamesische
Zwillinge, zurückgebliebene »Aztekenkinder« (angeblich ein
Produkt generationenlanger Inzucht ihrer priesterlichen Vorfahren), der »echte Kaspar Hauser« oder gar ein »Mittelwesen
zwischen Mensch und Affe«: Alle wurden mit einer neuen Bio-
graphie versehen, die der Sensationsbegierde des Publikums
entsprach, und ihr Erscheinen in der Barnum-Show durch eine
mehrwöchige Pressekampagne vorbereitet. So veranlaßte Barnum unterderhand Korrespondentenberichte für New Yorker
Blätter, die von einem »Dr. Griffin« sprachen, der eine echte
Seejungfrau mit sich führe und auf dem Weg zur Ostküste sei.

Durch immer detailliertere Artikel wurde das Interesse der New Yorker weiter angeheizt, bis sich der inzwischen angereiste »Dr. Griffin« – tatsächlich ein Mitarbeiter Barnums – dem Drängen nicht mehr verweigerte und einwilligte, seinen Schatz öffentlich zu zeigen. Neben solchen Tricks sicherte sich Barnum häufig gegen den Vorwurf des Betrugs: das »Mittelwesen« etwa stellte er im Fragestil (»Was ist es?«) vor, ohne die Zwischennatur des Ausgestellten einwandfrei zu behaupten – sein Lavieren auch in dieser Angelegenheit, wo er Gefahr lief, des Betrugs bezichtigt zu werden, entspricht seinem allgemeinen Geschäftsgebaren, aber auch dem Grad an Bekenntnisfreude, den er seiner Autobiographie zugrunde legte.

Ein erster Schritt in Richtung größerer Seriosität gelang Barnum, als sich ihm 1841 die Gelegenheit bot, das »Amerikanische Museum« in New York zu übernehmen. Ursprünglich eine Art heruntergekommenes Kuriositätenkabinett, baute Barnum die Einrichtung am Broadway im Laufe der Zeit zu einem Publikumsmagneten aus, der in den 23 Jahren seines Bestehens insgesamt 38 Millionen Besucher anzog. Im Erdgeschoß befanden sich Geschäfte, und die weiteren Etagen waren mit lebenden wie leblosen Exponaten aus dem Tierreich angefüllt. Neben Skeletten, ausgestopften Tieren, Wachsfiguren, Gemälden, Statuen, Mumien, Daguerreotypien und antiken Kunstschätzen stellte Barnum Kuriositäten von zweifelhafter Authentizität wie den präparierten Arm des Piraten Tom Trouble oder ein Stück der Tür von Columbus' Geburtshaus aus (später scheiterte er bei dem Versuch, Shakespeares Geburtshaus aufzukaufen und nach Amerika zu verschiffen). Auch Fabeltiere wie Einhörner und Phönixe fanden ihren Platz im Museum. Ein Höhepunkt waren die Vorführungen im großen Vortragssaal des Hauses, bei denen sich nicht nur die Schützlinge Barnums präsentierten, Indianer Kriegstänze aufführten oder der winzige »General Tom Thumb« als Napoleon auftrat, sondern auch moralische Theaterstücke in Szene gesetzt wurden. Selbst Shakespeare wurde gegeben, wenn auch in einer von Barnum höchstpersönlich von allen anstößigen Stellen gereinigten Fassung.

Das Museum genoß als Nahtstelle zwischen »Humbug« und ernsthaftem naturkundlichem Interesse, zwischen Unterhaltung und Bildung eine ungeheure Popularität. Und natürlich hatte das spekulative Element in den Präsentationen seine Berechtigung, schien damals doch die Entdeckung neuer – oder ausgestorben geglaubter – Spezies noch möglich. So träumte Barnum von dem Fang eines echten Mammuts und setzte, als wieder einmal die Nachricht aufkam, man habe einen Blick auf eine riesige Seeschlange erhascht, einen hohen Preis auf das Tier aus, mit dem Erfolg, daß sich einige Betrüger bei ihm meldeten und versprachen, ein täuschend echtes Imitat zu liefern – Barnum lehnte ab und machte, wichtiger noch, diese Ablehnung umgehend öffentlich.

Inzwischen hatte er sich in Connecticut ein protziges, »Iranistan« getauftes Anwesen im »orientalischen Stil« errichten lassen, mit Türmchen und Galerien, eingebettet in einen weitläufigen Park. Er war mit Tom Thumb nach Europa gereist und hatte die junge Queen Victoria mit dem singenden, tanzenden und geistreich plaudernden kleinen General entzückt, die Einkünfte aus dem Museum flossen reichlich: mit vierzig Jahren war Barnum ein gemachter Mann.

Und doch riskierte er einen großen Betrag, verschuldete sich gar, um eine Sängerin nach Amerika zu holen, die er bis dahin nicht ein einziges Mal gehört hatte. Ihm reichte der Ruf, der Jenny Lind vorauseilte: Die »schwedische Nachtigall«, 1820 geboren und im Zenit ihres europäischen Ruhms, feierte nicht nur Erfolge wegen ihres beeindruckenden Koloratursoprans, sondern war auch von einem Nimbus der Sittlichkeit und Religiosität umgeben, der wesentlich zu der Begeisterung ihrer Anhänger beitrug. Schriftsteller wie Hans Christian Andersen (der notorische Junggeselle wollte sie angeblich sogar heiraten) priesen ihre Natürlichkeit oder ließen sich wie Franz Grillparzer zu Gedichten hinreißen, die mehr durch ihren Überschwang als durch lyrisches Vermögen beeindrucken: »Sie nennen dich die Nachtigall«, schreibt Grillparzer, schlägt aber ein anderes, für eine Sängerin eher zweideutiges Bild vor: »So süß auch deiner Lieder Schall, / Doch nenn' ich dich die Taube.« Das Gedicht endet mit den Worten: »Hier ist nicht Körper, kaum noch Ton, / Ich höre deine Seele.« Der Kult um ihre Person hielt auch nach ihrem Tod im Jahre 1887 an und produzierte Dauerausstellungen, einer Unzahl von Büchern und Aufsätzen und sogar eine außergewöhnliche Ehrenbezeugung: Im australischen Queensland gibt es einen »Jenny Lind Creek«.

Natürlich nutzte Barnum dieses Image der engelsgleichen Sängerin für seine Kampagne. Monate vor ihrer Ankunft erreichten die Berichte europäischer Korrespondenten die amerikanischen Zeitungen, die sie in den höchsten Tönen priesen. Jenny Lind, vor dieser Kampagne in Amerika weitgehend unbekannt, sah sich im New Yorker Hafen von einer enthusiastischen Menschenmenge empfangen und ins Hotel geleitet. Wegen des großen Andrangs ließ Barnum die besseren Konzertkarten versteigern, zahlreiche Auftritte der Sängerin waren ausverkauft, und die Einnahmen beider Parteien aus der neunmonatigen Tournee waren außerordentlich lukrativ – auch der Handel mit Devotionalien, von Lind-Hüten bis hin zu Lind-Sofas und Lind-Klavieren, florierte. Allein Barnum nahm über eine halbe Million Dollar ein.

Doch die Aufbesserung seines Rufs war dem Manager nur zum Teil gelungen. Zwar partizipierte er an der Gloriole der Sängerin, und die amerikanische Öffentlichkeit nahm durchaus zur Kenntnis, daß der Mann, der früher Joice Heth und die dubiose Seejungfrau präsentiert hatte, nun mit der »schwedischen Nachtigall« durch die Lande zog. Gleichwohl sah sich Barnum im Interesse des Ansehens der Sängerin dazu gezwungen, alle Schwierigkeiten der Tournee, den Unmut über hohe Kartenpreise, ausverkaufte Konzerte und ungeeignete Säle, auf die eigene Kappe zu nehmen, während Jenny Lind ihre Popularität durch häufige Wohltätigkeitskonzerte steigerte, für deren Unkosten dann Barnum aufkommen mußte. Der Manager litt unter den Launen und Vorurteilen der – von nahem betrachtet – gar nicht so engelsgleichen Sängerin, trug das alleinige finanzielle Risiko und wurde zudem von ihrer Entourage ständig angefeindet. Mehrfach änderte er den Vertrag, meist zu ihren Gunsten, und ließ sich schließlich entnervt mit einer hohen Summe auszahlen, nachdem kaum die Hälfte der verabredeten Konzerte absolviert war. Jenny Lind beendete die Tournee auf eigene Rechnung, allerdings mit geringerem Erfolg.

Bezeichnenderweise verschweigt Barnum in seiner Autobiographie die gravierenden Differenzen, konnte ihm doch an solchen Enthüllungen aus zweierlei Gründen nicht gelegen sein: Zum einen durfte das Image der Sängerin nicht beschädigt werden, sollte sein Verdienst, sie nach Amerika geholt zu haben, keine Einbuße erleiden. Zum anderen war ihm an einem öffentlichen Streit auch deshalb nicht gelegen, weil er mit der aufmerksamen Lektüre seines Buches, mit Kommentaren und Erwiderungen der streitbaren Sängerin rechnen mußte, die im Zweifelsfall die öffentliche Meinung auf ihrer Seite hatte.

In der Folge erlitt Barnum manche Rückschläge, besonders durch mehrere Feuersbrünste, die seine beiden Museen (leider auch zahlreiche Tiere und viele der kuriosen Exponate) und die Villa »Iranistan« vernichteten. Bei aller Tragik haftet diesen Schicksalsschlägen insofern eine gewisse Komik an, da Barnum als Präsident einer Firma aufgetreten war, die einen angeblich todsicheren »Brandvernichter« entwickelt hatte. Er mußte für seine Unternehmungen Konkurs anmelden, weil er von einem Verwandten und Geschäftsfreunden betrogen worden sei, wie er verkündete – sein Verlust hielt sich allerdings in Grenzen, da er zuvor einen Teil seines Vermögens auf seine Frau überschrieben hatte. Wieder zu Geld gekommen, bedachte er verschiedene Forschungseinrichtungen großzügig mit Sach- und Geldspenden und engagierte sich gleichermaßen für die Sklavenbefreiung, die Bekämpfung des Alkoholismus und den Ausbau seines Wohnorts, der Stadt Bridgeport/Connecticut, die seinem Andenken ein Museum gewidmet hat. Dort befinden sich heute nicht nur diverse Hinterlassenschaften des Managers wie Bücher und Möbel aus »Iranistan«, sondern auch Ausstellungsräume, die im Sommer 2000 der Jenny-Lind-Tournee gewidmet waren (die dort erhältliche Jenny-Lind-Puppe im originalen Kostüm ihres ersten Auftritts auf amerikanischem Boden kostet stolze 110 Dollar).

Das Museum dokumentiert auch Barnums Zirkusaktivitäten, die er zunächst allein und ab 1880 mit seinem Partner James A. Bailey unternahm; das gemeinsame Projekt verhieß die »The Greatest Show on Earth«. Anfänglich glich sein Zirkus einer reinen Menagerie, später integrierte man zahlreiche Auftritte von Clowns und Artisten. Allerdings blieb ihm auch hier sein altes Pech treu – 1887 brannte der Zirkus in seinem Winterquartier in Connecticut ab.

Es scheint, als habe sich Barnum, der 1891 starb, damit abgefunden, daß er trotz aller Wohltaten sein Image nicht mehr grundlegend ändern konnte. Bereits zwei Jahre vor der blamablen Kongreßwahl hatte er dieser Situation eine beinahe komische Note abgewonnen: »Dreißig Jahre lang«, so vertraute er einem Freund an, »habe ich mich abgerackert, um Gutes zu tun, aber dabei dummerweise immer meine schlechtesten Seiten offenbart, bis die halbe Christenheit glauben mußte, ich trüge Hörner und Hufe.«

Tilman Spreckelsen

KLEINE BARNUM-BIBLIOGRAPHIE
Zusammengestellt von
Markschiess-van Trix

Barnums Leben. Von ihm selbst geschildert. 4 Bände, Leipzig 1855 (Amerikanische Bibliothek 130–133)

Leben und Abenteuer P. T. Barnums, vormals Theaterdirektor, seine großartigen Unternehmungen, seine Kunstfahrten mit Jenny Lind, mit Tom Thumb u. a. 3 Teile, Wien 1855 (Amerikanisches Lesecabinet 25–32)

Barnum, der Kaufmann, Journalist und Raritätenmann. Eine Selbstbiographie. Leipzig 1855, 315 S.

Das Leben von P. T. Barnum. Beschrieben von ihm selbst. New York 1855, 317 S.

Barnum, Phineas Taylor: Kämpfe und Triumphe, oder Erinnerungen von vierzig Jahren, von ihm selbst erzählt. Hartford 1869, 786 S.

Barnum, der Weg des berühmten Millionärs zum Wohlstand. Anweisung zu einem erfolgreichen Geschäftsbericht. Von ihm selbst veröffentlicht. Chemnitz 1871, 42 S.

Barnum, Phineas Taylor: Die Kunst, Geld zu machen. Nützliche Winke und beherzigenswerte Ratschläge. Für das deutsche Publikum umgearbeitet von Leopold Katscher. Berlin 1887, 42 S.

Barnum, Phineas Taylor: Der größte Circus der Welt, Konstanz-Emmerhofen 1895, 14 S.